答疑

」丛书

吴 越 著

上海教育出版社
SHANGHAI EDUCATIONAL
PUBLISHING HOUSE

图书在版编目（CIP）数据

语法答疑 / 吴越著. — 上海：上海教育出版社，
2024.12. —（字斟句酌）. — ISBN 978-7-5720-2889-2

Ⅰ. H146

中国国家版本馆CIP数据核字第20251V5Y70号

责任编辑　李梦露
封面设计　郑　艺

字斟句酌丛书
语法答疑
吴　越　著

出版发行　上海教育出版社有限公司
官　　网　www.seph.com.cn
地　　址　上海市闵行区号景路159弄C座
邮　　编　201101
印　　刷　上海叶大印务发展有限公司
开　　本　889×1194　1/32　印张 6.375
字　　数　149 千字
版　　次　2024年12月第1版
印　　次　2024年12月第1次印刷
书　　号　ISBN 978-7-5720-2889-2/H·0088
定　　价　35.00 元

如发现质量问题，读者可向本社调换　电话：021-64373213

目　录　contents

引　言　introduction

　　语言是人类最重要的交际工具。作为交际工具,必有规矩。若每个人都自说自话,便不能发挥理想的交际效果。但若语言一成不变,又难以适应社会的发展变化以及随之更新的交际需求。总的来看,语言的发展呈现出一种规范和动态的平衡:既维持必要规范以保证交流效率,又不断发展以适应和反映社会变迁。这种平衡使得语言既保证稳定性,又富于创新性。

　　邵敬敏先生曾在《汉语语法趣说》中讨论过语言的动态变化与持续发展:

　　20世纪50年代曾经有人指出"打扫卫生""恢复疲劳""救火""养病"这样的说法都是病句,汉语里不能这么说的。80年代初期,也有位老先生认为"超市""空姐"这样的缩略词语莫名其妙,应该"开除"。可是,事实上,这些说法现在不但生存下来,还比比皆是。为什么? 因为语言是活的,是在不断变化着的。……这样,在语言生活中就出现了许多新鲜的现象。

　　但是,凡事都应有度。语言随社会发展而产生的变化也应有明确约束。这是每位语言使用者日日面对的问题,也是每位语言研究者持续关注的问题。

　　本书围绕"活语言"的规范和动态之平衡这一主题展开讨论。讨论规范与动态,离不开对语法失误的分析,也离不开对新兴用法的评估。本书或就读者所提出的、针对具体句子或某些语法常识的疑问进行解答;或结合学界已取得的研究成果,对读者可能感兴趣的一些新生语法现象进行梳理;或就早年出版的语病评改书中常见,且可能在当下引起疑问或争议的例子进行分析。

一方面,我们看到,几十年前被视作"语病"的表达,如今有不少已经可说了。语病评改书上清楚写明"不合法"的搭配,如今有不少已经可用了,甚至还相当能产,非常流行。一些语法"失误"现象还有了不少"同类",且可明确归纳出使用规则,成为了具有一定系统性的现象,有不少还被权威媒体、正式出版物采用。

例如,20世纪80年代,"第一产铜国""第二大儿童疾病"这类表达还被认为是"令人费解"或"含义不清"甚至不符合中文习惯的说法(引自《新闻语病汇析》)。但事实上,这类表达已常见于日常生活,例(1)(2)是《人民日报》的用例。

(1)我国经济总量居世界第七位,贸易额占第十位,并且连续多年成为世界第二大吸引外资国。(《人民日报》2000年)

(2)据智利有关部门预测,在今后25至50年内,这个国家仍将继续保持世界第一产铜国地位。(《人民日报》2003年)

又如,上世纪末,"诞辰……周年"这类说法还被视作一种误用。以"诞辰百年"为例,80年代初,权威期刊《中国语文》对"诞辰百年"和"百年诞辰"两种说法组织过专文讨论,当时的倾向性意见还是使用"百年诞辰"。仅20年之后,本世纪初,在《咬文嚼字》编辑部再次组织的专栏讨论中(2003年第8期),知名语言学家邢福义先生(《三点意思》)、邵敬敏先生(《"诞辰百年"逐年增加》)、张斌先生(《历史的启示》)就主张"诞辰百年"和"百年诞辰"都可说。而且,"……周年"的音节越多,越容易出现在"诞辰"之后,如"诞辰一百二十五周年"较之"一百二十五周年诞辰"更符合汉语母语者对语言流畅感的追求（可参看邢福义先生《研究观测点的一种选择——写在"小句中枢"问题讨论之前》）。这说明"诞辰……周年"不仅不再是语病，还逐渐发展出不可替代的表达功能。

另一方面，日常语言使用中仍可见到不少语法失误。语法失误现象指个人的、偶发性的、不合语法规范的现象，至少在目前无法用新发展、新变化来解释，不会或尚未进入语法创新的范畴，例如语病评改书中常见的词类误用、搭配不当、成分残缺等语病类型。此外，一些特殊的表达习惯也在此列。例如，当代口语中有一种滥用数量结构"一个"的趋势，如"进行（这样的）一个研讨、实现（这样的）一个目标、达到（这样的）一个效果"等，使得大量无"数量"义的、本不应与个体量词搭配的名词进入到这一结构中（详见本书第三章《词性是单一且固定的吗？》）。

本书的整体目标就是在上述两类现象之中寻求平衡。范晓先生指出，研究现代汉语语法的正确态度是：既不要混淆古今，又应注意古今之间的联系；既要讲究规范，又应善于发现有生命力的新生语法现象，不要轻易判为病句；既要讲静态语法的规律性，又应提倡语法格式在动态使用中的灵活性和丰富多样性（可参看《三维语法理论概述》）。

这也是本书所秉持的态度。

我们关注现代汉语语法，也结合古今汉语的对比研究成果。例如，本书在讨论"所"字结构、名量式复合词、汉语补语的问题时，充分参考汉语史研究成果，但不混淆古今，力求做到界限清晰。

我们关注语法的规范，也重视语法的发展，着重讨论一些"似非而是"的新生现象。正如范晓先生所说，由于"新生"，它总是只在个别人或少数人的言语里存在；唯其因为是"个别"

"少数",会被视为不规范,看作"病句"。但只要有合理性、生命力、优越性,总会被广泛接受而成为新的规范(可参看《论语法研究中结构和功能相结合的原则》)。本书部分篇目涉及语病评改书中的经典案例及其在一段时间内接受度的变化,既与过去的规范进行对比,也为将来的发展提供参照。这也是我们这本小书的"时代任务"之一。同时,飞速变化的网络语言时代也为语言发展提供了一片肥沃的土壤。尽管这片沃土之上并不总能开出美丽的花朵,但我们愿意用乐观的态度发现其更多闪光点。

我们关注语法的静态规律,也注重动态使用。静态语法总要求句子成分齐全且按一定的次序排列,要求严格,不易变通。但实际使用中的语言则灵活多变,富于创造性。本书部分篇目涉及这类现象。

我们尊重教学语法,也提倡接纳理论语法。所谓教学语法,是以语言教学为目的设计的语法,更加关注如何以适合教学的方式呈现语法规则,如何以更高的效率提高学习者的语言运用能力。所谓理论语法,是将语言作为一种规律的体系进行研究,更加关注对语法结构和原理进行系统性研究,并进行理论概括和说明。本书力求在合理范围内,运用普遍性的语言规律解释和说明教学语法不接受而在实际生活中广泛存在的现象。

本书中有正式编号的"病句"基本不专门标"＊",这主要是为了使版面更为清爽。但若需在同一例句编号下比较几个微殊的例子,则用"＊"或"?"表示不合法或接受度低。

本书多数语料来自北京大学 CCL 语料库、北京语言大学 BCC 语料库,或相关的已有研究(梳理前期成果时一并引用原文用例)。第五章中也有一些在社交平台以特定关键词搜索所得的结果。个别篇目所涉及的方言语料，或来自已有文献，或来自笔者调查。另外，有极个别语料是为更好地向读者说明某一术语而自拟的。除调查所得和自拟的语料外，其他均随文注明出处。

本书的部分内容，曾陆续在近年的《语言文字周报》上刊载过。收录时或多或少地进行了修改。这也是需要说明的一点。

壹　　**特定词类**

词是重要的语法单位。根据词的具体语法
功能和特点,可分实词和虚词两大类。每一大
类又可再分不同的词类,如实词中有名词、动
词、形容词、代词、数词、量词等,虚词中有副词、
连词、介词等。每一类词又可根据用法和语义
的不同,再分不同的小类。以动词为例,有表示
动作行为的动作动词,有表示心理活动的心理
动词,有表示事物存在或出现、消失的存现动词
等等。

　　特定词类及其小类的具体搭配有着不少
"门道"和"讲究",在日常表达中也容易引起人
们的疑问或造成混淆。本章我们就由此入手,
讨论几个相关的案例。

"敬请期待"是强人所难吗?

有细心读者发现,媒体在进行节目预告时偏爱使用"敬请期待",进而有所疑惑:"敬请期待"是否有强人所难之嫌,改用"欢迎关注"是否更为合适? 这里尝试讨论这一问题。

这一问题的来源在于"期待"和"关注"两个动词给人留下的不同印象。我们首先分析这两个动词的异同。

"期待"和"关注"都属于心理动词,表达人的心理活动。心理动词是不典型的动词。孟琮先生等编著的《汉语动词用法词典》统计指出,心理动词约占动词的 6%。可以根据不同的标准对心理动词作进一步分类。与"喜欢、爱、恨、讨厌"等感情类的心理动词不同,"期待"和"关注"同属认知类的心理动词,但二者在语义要求和情感色彩上仍存在区别。

语义上,"期待"一般与特定事件(尤其是事件结果)搭配,与时间点相关。《现代汉语词典》(第7版)的释义是:"期望;等待:~着你早日学成归来。"当然,也有例(1)这样的情况,但"她的问题"也可以理解成"她提出问题"这一事件,对应的仍是时间点。

(1) 她听着听着皱起眉头,心中好像产生了许多问号。我期待着她的问题,但末了她只是叹了口气。(CCL\当代\报刊\作家文摘\1997\1997C.TXT)

"关注"涉及的多是一段过程或一系列变化,与时间段相关;也可能涉及人、事、物。涉及人时,对象多是一个类或集体。涉及事、物时,对象往往较为宏大或抽象,如例(2)(3)。因此也可推知其与时间段而非时间点相关。

(2) 作为一家在世界经济中进行运作的全球性的公司,我们<u>关注中国</u>。(《人民日报》1996 年 5 月)

(3) 我们<u>关注人类生存和生活的家园</u>。(《人民日报》1998 年)

"期待"不能受状语"持续"修饰,而"关注"可以。北京大学 CCL 语料库中没有"持续期待"的相关结果,"持续关注"则是十分常见的表达,如例(4)—(6)。

(4) 香港各界人士纷纷表示将<u>持续关注</u>内蒙古自治区失学女童。(新华社 2001 年 1 月)

(5) 健康报将会<u>持续关注</u>。(CCL\当代\网络语料\网页\C000013.txt)

(6) 各民主党派纷纷表示,评选表彰道德楷模非常及时也非常重要,将<u>持续关注</u>评选活动的进程。(《人民日报》2007 年)

情感色彩上,"期待"是积极的,"关注"是中性的。

二者在句法上也有差异,主要表现在以下三个方面,与开头提到的读者疑问密切相关。

第一,与第一人称代词的搭配情况不同。"期待"与第一人称高频搭配,"关注"则没有这一倾向。初步统计 CCL 语料库的结果(排除翻译作品、重复项、无关干扰项)发现,"期待"与第一人称同现的占比远高于"关注",其比例约为 318∶35,显示前者的主体性远高于后者。

第二,对施为义的表达不同。"期待"具有施为动词的一些特征:当言者说出"我/我们期待……"时,就表达了"期待"这种情绪或态度本身。而"关注"没有上述特征。这也反映了二者的主体性或能动性存在差异。

第三,与情态的互动不同。著名语言学家拜比(Joan

Bybee）等在《语法的演变》（*The Evolution of Grammar*）中提出将非认识情态分为"施事导向型"（agent-oriented modality）和"言者导向型"（speaker-oriented modality）两种类型。前者包括能力、意愿和基于客观条件的可能性，表达施事实施某种行为动作的条件，与言者无直接关系；后者包括义务、许可、禁止等言者对某人做某事或不做某事的主观态度。我们在 CCL 语料库中检索"期待"与"（不）可以、（不）可能、必须、（不）会"等情态成分的搭配情况发现，"期待"主要见于施事导向型的情态，如"可以期待"等，如例（7），很少见于言者导向型的情态。

（7）做梁家辉的影迷似乎应该是一件十分惬意的事情，因为你永远可以期待他花样翻新的作品。（CCL\当代\口语\电视访谈\鲁豫有约·男角.txt）

这即是说，当认知主体作为句子施事，表达对某一对象的期待时，这一心理活动过程与主体之外的其他对象无关，不易受外力影响。也因此，"期待"几乎不与"必须、应该"等真正涉及许可或义务的成分搭配，CCL 语料库中（除翻译作品外）基本上只有孤例，可以忽略。这也有助于我们分析例（8）这类句子。例（8）中，言者只是借"网友和游客"表达自己的期待或祝愿。"网友和游客"是形式上的认知主体，真正的认知主体是言者。句子整体表达的是言者的观点和态度。

（8）我想很多网友和游客一定会期待着看到一个原真性保留非常完好的束河古镇。（CCL\当代\网络语料\网页\C000016.txt）

总的来看，"期待"与情态成分的互动反映其强主体性。相对地，"关注"与情态的互动限制较少。例（9）—（12）同时涉及施事导向型和言者导向型的情态。

（9）喜欢跳水的人可以关注一下中国选手在男子跳台跳水

比赛中的表现。(新华社 2001 年 7 月)

（10）你家厚厚只要有心如的消息，如迷<u>肯定会关注</u>的。（新浪娱乐 2012－01－12）

（11）头发也是我们身体的一部分，我们<u>应该关注</u>它的健康状况。（柔美人，"强"秀发）

（12）国际社会<u>必须关注</u>非洲的发展，并采取切实措施，帮助它克服困难，走上振兴之路。(《人民日报》1995 年 12 月)

此外，还有一个侧面佐证。"期待、关注"都是动词和名词的兼类词(指一些词经常具备两类或两类以上的语法功能，详见本书第三章《词性是单一且固定的吗?》)。作名词时，二者与"赢得、索取"等词共现的情况不同，"赢得、索取"都显示外力的干扰和影响。"关注"明显比"期待"容易受到外力影响，同样反映了二者的主体性差异。

（13）a. 赢得关注　寻求关注　索取关注

b. ?赢得期待　*寻求期待　?索取期待

总的来看，"期待"的主体性强于"关注"，认知活动主体具有更强的能动性，更不易受外力影响。这也解释了读者对"敬请期待"产生疑问的原因：理论上，"期待"这类词只与主体有关，而不易受外力干扰的认知活动不应见于祈使句。但综合来看，"敬请期待"这一表达并非强人所难，不是将"期待"这一自主性的意愿扭曲为强制性的义务，而是一种句法超常搭配。从语用效果上看，属于间接言语行为。世界语言大多存在这类错配或间接言语行为，例如，用疑问句表示委婉的请求是用"弱句子"表达"强情感"，这也是日常语言表达的实际需求。反过来，用"强句子"表达"弱情感"的情况也是成立的，正如"敬请期待"虽有祈使义，但实际上表达的是邀请。日常生活中，市场里的吆喝和主人在餐桌上所说的"吃吧，多吃点"也都是用祈使句进行盛情邀请。

　　与之类似,一些非自主动词有时也可进入祈使句。非自主动词所描述的是动作行为发出者不能自由支配的动作行为。"死"是较典型的非自主动词,但它常有自主用法,例如"你不要死",是常见于影视文学作品中的经典台词,表达的是言者对听者平安的强烈愿望。

　　可以说,"欢迎关注"是基于正常句法搭配的含蓄表达,"敬请期待"则是运用超常搭配的热情邀约。自然,过于热情的邀请也可能失之越界,造成不适。但两种说法本身并无对错之分,"敬请期待"是否过于热情甚至强人所难,与每个人的心理边界有关,而与句法的正误边界无关。

"袖珍公园"不贴切吗？

汉语形容词的基本句法功能之一是充当谓语，这也是划定形容词词类的重要依据。但形容词中有一种功能十分有限的特殊小类，最主要的句法表现（限制）是无法充当谓语，只能充当定语。因为有着这样的功能限制，学者们将其从形容词中单列出来，称为"非谓形容词"（吕叔湘、饶长溶先生在《试论非谓形容词》中提出的术语）或"区别词"（朱德熙先生在《语法讲义》中提出的术语）。

之所以得名"区别词"，是因为这些词常成对或成组出现，在语义上主要对其所修饰的名词起区别和分类作用，表示名词的"次类"。当然也有独自出现、不与其他词成组成对的，作用仍是从大类名词中"区别"出特定小类，与其他小类相对。从这个角度来说，成对或成组出现的区别词多少有些"反义"色彩（但区别词和反义词是属于不同范畴的两种现象，不可混同）。

与名词、动词等典型的开放词类相比，区别词可算作相对封闭的词类，成员数量比较有限。吕叔湘、饶长溶先生的研究中列举了 400 多个区别词，其中多数是在"五四"之后才"迅速增殖"，并成为现代汉语书面语中引人关注的一种词类现象的（可参看贺阳《现代汉语欧化语法现象研究》）。

现代汉语的区别词中，原生的多是单音节的，而后起的多是双音节的。总的来看，单音节区别词的数量远小于双音节。常见的区别词如下（主要筛选自袁毓林等《汉语词类划分手册》中

的"汉语词类模糊划分小辞典",另有增补):

单音节：男—女　公—母　雌—雄　正—副　金—银

　　　　单—双　荤—素　生—熟　鬼

双音节：中式—西式　国营—民营　公办—民办　公立—

　　　　私立　彩色—黑白　平装—精装　急性—慢性

　　　　有限—无限　新式—老式　恶性—良性　高速—

　　　　中速—低速　初等—中等—高等　酸性—碱性—

　　　　中性　袖珍　孪生　独生　野生　现行　备用

　　　　常任　常设　常务　超级　成年　顶尖　独立

　　　　根本　黄金　黄色

三音节：填鸭式　便携式　密集型　流线型　综合性　多

　　　　功能　多渠道　马拉松　大范围—小范围　大批

　　　　量—小批量

从句法上看,区别词主要有以下功能(或限制)。

第一,可以直接作定语修饰名词性成分。上列的词均有这一功能,如例(1)。

(1) 男教师　女店员　公鸡　雄狮　鬼点子

中式婚礼　国营企业　公办学校　私立医院　彩色电视

第二,可以构成"的"字结构,作定语或主语或宾语。例(1)中的区别词基本都可以加上"的"充当定语,只是多数以不加"的"为常,加了反倒显得生硬。

只有少数区别词必须加"的"才能充当定语,如例(2)。

(2) 金黄的麦浪　亲爱的朋友　心爱的首饰

第三,不能受"不、很"等副词修饰。例(1)中的区别词基本上都不受"不、很"修饰,尤其是"不",如例(3)。

(3) *不国营　*不公办　*不私立　*不彩色　*不精

　　装　*不急性　*不有限　*不老式　*不恶性　*不

优等　*不劣等　*不私有　*不适龄　*不大量

*不长途　*不非法

……

若要体现对某一区别词所表示的性质的否定,一般前加"非"。

此外,区别词不受名词、形容词等修饰;不能作主语和宾语(只有加上"的"构成"的"字结构后才能作主宾语);不能作谓语和谓语核心;不能作状语和补语;不能单独回答问题。总而言之,区别词的句法功能相当有限。

但实际使用中,一些区别词有时可以受副词"很"的修饰,如"很业余、很职业、很高档、很长期、很袖珍、很根本、很基本、很上流、很大量、很小量、很私人、很浅层、很深层、很相对、很绝对、很大型、很小型、很西式、很中式、很新式、很老式"等。

例(4)—(9)是从语料库中摘录的相关实际用例。

(4) 自己也觉得很业余,没品位,差着不止一个档次。(王朔《看上去很美》自序)

(5) 第五是"造美之心",诗剧编创的感觉很好,舞蹈编创很职业,语汇有韵味,排练见功夫。(《人民日报》2010 年)

(6) 这位经理还告诉记者,事实上即便是很高档的娱乐厅,大陆歌曲正在逐步替代港台歌曲,演唱者越来越多。(《人民日报》1992 年)

(7) 轧棉机和布条加工机都很低档。(新华社 2001 年 5 月)

(8) 所以,改革是一个很长期的任务。(《人民日报》1990 年)

(9) 整个半岛覆盖成一座白色城堡,很袖珍,也很壮美。(《人民日报》1991 年)

其中,"袖珍"这样的区别词已经完全成为形容词了:能够自由地充当谓语,能够受到程度副词"甚至"、可指示程度的代词"这么、如此"的修饰,还能进入"×得多"格式(可参看张谊生

《当代汉语区别词形容词化的功用与成因分析》)。例（10）（11）是网络平台用例，"袖珍"充当谓语；例（12）（13）是权威媒体用例，"袖珍"受"这么、如此"修饰。

（10）基本的用途是一把可以承重160kg的椅子，身材袖珍，方便搬动，可以放置于室内或搬至户外小坐。（CCL\2010s\201x\网络语料\微信公众号\Wechat_157.txt）

（11）#游走美利坚#第五站：亚特兰大动物园。面积袖珍。（CCL\2010s\201x\网络语料\微博\weibo_016.txt）

（12）有的人担心："这么袖珍，有没有思想？文字提炼表述得有没有局限性？"（《人民日报》2004年）

（13）就是如此袖珍的驿站，去年共接待读者3.9万人次，平均每天100多位读者光顾。（《人民日报》2017年）

从表达效果上看，"袖珍"原指"将小型物品在衣袖中珍藏起来"，后逐渐失去动词性，只保留"小型便于携带"的属性义，继续发展后又衍生出"小巧而精致"的性状义（可参看张谊生先生的讨论）。

但这并不是说区别词没有必要单独成类。吕叔湘和饶长溶先生也指出，区别词大量存在且不断产生，让其单独成为一类是有价值的。只不过，区别词很容易转变成一般的形容词，从动词、名词衰减而来的形容词也可能"走回头路"。

现在仍有不少区别词是动词或名词的兼类词。如"常设""成年"是典型的区别词兼动词，"专业"是区别词兼名词，如例（14）—（16）所示。

（14）社工作为专门职业广受认可，其薪酬在专业人员中处于中等水平。（《人民日报》2010年）

（15）沈阳音乐学院决定为毕业生提供终身免费受教育的机会，毕业生可以继续深造原所学专业，也可以根据需要选学其

他专业。(《人民日报》2010 年)

（16）专注，所以更专业。(《人民日报》2010 年)

区别词经过形容词化的历程后，其本身作为区别词也与意义相近的其他区别词产生了分工。我们曾看过这样一个案例，摘为例(17)(例自《新闻语病汇析》)。

（17）近年来天津新建成的一百座袖珍公园，一改过去"只见烟囱、不见树木"的情景。(《天津市建成百座袖珍公园》1986 年 6 月 30 日)

《汇析》点评如下：袖珍一般指体积小、便于携带的物体，如袖珍词典、袖珍收音机、袖珍本等。把坐落在居民区和街心的小型公园称为袖珍公园，用词不当。其实称小型公园或街心公园不是很贴切吗？何必用"袖珍"呢？

近四十年过去了，当我们再读到例(17)，心中可能反而更倾向于使用"袖珍"，且总觉得"小型"或"街心"似乎少了些什么。这就是区别词在成为形容词后衍生出的独特的性状义对原区别词的影响：区别词"袖珍"仍表示"小"，但受形容词化过程的语义影响，隐性地携带了"小巧而精致"的语义。"小型""街心"却没有这样的功能扩展。这样，母语者心中形成了三者的隐性功能分工，在选择时自然也就有不同的偏好了。

"俩个"错在哪儿了?

有读者来信说,自己上网发表评论时称两位同学为"他们俩个"却被部分网友"奚落"。可这不就是用了"两"的另一个写法吗?

其实不然。"俩"并非"两"的另外一个写法,同理,"仨"也不是"三"的另一个写法,尽管在日常生活中我们经常见到错误用例,如例(1)—(3)(引自《语病类析》)。

(1) *他俩个是从小长大的好朋友,天天形影不离的。

(2) *他们仨个人一起上手,把他痛打了一顿。

(3) *一下子买回来仨头驴俩匹马,小两口乐得合不拢嘴儿。

这个问题,看似是词的问题,甚至是语音问题、文字问题,但实际上是语法问题。

在人们的印象中,"俩""仨"都是北京话的常用词,这就是说,明显带有方言色彩。例如,《现代汉语八百词(增订本)》就特别点明"俩"是北京口语中的成分。冯春田先生较早地考证出,"俩"最早在蒲松龄《聊斋俚曲》(约明末清初写成)开始使用。蒲松龄是山东淄川人,《聊斋俚曲》则以明清北方方言为基础,又使用了淄川地区的方言成分(《〈聊斋俚曲〉语法研究》)。除此之外,其他一些官话方言区也见到"俩"的类似用法,可见其确实是一个方言成分,只是在南方方言区基本不太能见到。在相关方言中,"俩"确实与"两"有着紧密联系,但前者并非后者的另一个形式。我们从几个不同方面来看。

语音上,多数学者认为"俩"是数词"两"和量词"个"的合音,只是对合音的具体机制存在观点上的分歧。所谓"合音"是一种特殊的音变现象。比较为我们所熟悉的合音有:古汉语的"诸"是"之于"或"之乎"的合音,北京话的"甭"是"不用"的合音,吴方言的"覅"是"勿要"的合音。语音学研究将合音定义为语流中语音弱化的结果。弱化是指音节的一部分脱落,造成音节分界的变动。若两个音节因此并为一个音节,便称为合音;古汉语研究中,常把合音字称为"兼词",指一个字兼包两个字,书写形式是一个字,读音相当于两个字的连读或急读,意义也相当于这两个字的结合(可参看祝鸿熹《古代汉语三百题》)。

但无论对合音的具体机制如何理解,我们可以认定"俩"基本相当于"两个"。同理,"仨"基本等同于"三个"。这也是学界的基本共识。这一结论既是从语音上来说的,也是从功能上来说的。

现代汉语中,"量词"的主要句法功能是在数词/指示词和名词之间充当二者的"中介"。或者也可以说,量词是在数词或指示词后表示计量的单位。当数词和名词组合时,量词的中介必不可少,如我们不说"*五书、*四面包",而可以说"两张纸、三个书包"。在指示词与名词组合时,普通话不强制要求量词出现(而有些方言是强制要求量词出现的,这与不同方言中指示词的功能差异有关,暂不展开)。

上面说过,"俩"是"两个"的合音,"仨"是"三个"的合音,功能上也是"数词+量词"的组合,不需重复使用量词,只说"兄弟俩、仨书包"即可。在非正式的口语中,几乎总可以使用"俩、仨"来替代"两个、三个"。那"*我们俩个"便相当于"*我们两个个",自然是有问题的。上文例(1)—(3)也应分别改成"他们两个、他们三个、三头驴两匹马"等。

可能会有读者产生疑问:为什么例(1)的"他俩个"改成"他们两个",而不是改成"*他两个"呢? 这和"俩"在部分汉语方言中逐渐发展出的特定功能有关。例如,东北、北京等方言中常见的"我俩",就没有与之对应的"*我两个",而只有"我们两个"。这一现象同样并未平行地出现在"仨"上,"我们三个"或"我们仨"可以说,但目前还从未听过"*我仨"这样的说法。有学者认为,"我俩"中的"俩"已经发展到一个新的阶段,更像是一个类似"双数"形态的标记(可参看刘丹青《语法化理论与汉语方言语法研究》)。

"数"是读者们可能比较陌生的一个概念。简单来说,它是一种语法范畴,而且是一种相对较为常见的语法范畴。例如,在多数读者相对比较熟悉的英语中,"数"范畴就有对应的形式表现:单数名词使用原形,而复数名词需要增加复数词尾(最常见的词尾是-s),如 apple~apples。熟悉英语的读者们会指出,英语中有一组不同的复数词尾,包括:-es,-ies 等,如 bus—buses,city—cities 等。另外还有一些不规则变化,如 goose—geese 等。上述形式变化有专门的名字,即"词形变化"或"形态"。普通语言学所说的"语法范畴"是狭义的,专门指由词的形态变化表示的一组特定的语法意义。英语中,"单数"和"复数"这对数意义组成了数范畴,而上述形式变化就是数范畴的表达手段,可称为数范畴的"标记"。

汉语和英语、俄语等语言不同,没有丰富的词形变化,因此基本上没有由其表达的语法范畴。但是,部分汉语方言中可能存在少量的词形变化,也因此有了对应的语法范畴表达。上文讨论的"我俩"的"俩",借合音形式构造了词形变化,具体语法功能也与一般词汇手段有所区别(如上所述,无法还原为"*我两个"），因此成为学界关注的对象。

此外，东北方言中有"你跟谁俩呢"的说法。这一用法由于综艺节目嘉宾的使用和推广，目前颇为"出圈"。"你跟谁俩呢"的结构比较有趣，可能是"你跟谁俩摔打/耍/甩脸子"的省略，"你跟谁"和"俩"组成一个同位结构，共同作为"摔打/耍/甩脸子"的主语。有时，谓语动作较难描述，因而发生省略，使结构成为"[[[你[跟谁]]俩]呢]"。这里的"俩"似乎迁移为谓语的"替代品"了。

"一朵花朵"不可说

例(1)(2)是有语病的句子,"*两个马匹""*三个车辆""*一封信件""*两本书籍"都是不合法的搭配。

(1)一个打字人员,牵着<u>两个马匹</u>,跟着<u>三个车辆</u>。(例自《语病类析》)

(2)今天,大哥从北京给我寄来<u>一封信件</u>,说已经替我买到了我所需要的<u>两本书籍</u>。(例自《文章病例评改集全》)

可能有读者会问,"马匹""车辆""信件""书籍"都是名词,前加数量结构应是符合汉语语法的,怎么就出现语病了呢?

首先我们需要明确,汉语词类的划分依据是句法功能。鉴别名词最基本的标准是:是否直接充当介词宾语,能否单独充当补语。其中,直接充当介词宾语是名词最基本的句法功能;而除连用式外,名词不能充当补语。这一正一反两条标准可以为名词划定一个基本范围。至于是否能够直接受量词短语修饰,属于参照标准(可参看张斌主编《现代汉语描写语法》)。这即是说,能够受数量结构修饰的词属于名词,但反过来不成立,即,并非所有名词都能够受数量结构修饰。在数量义的强度上,个体名词>物质名词>集体名词>抽象名词。排序越靠后的名词,数量义越弱。数量义弱或无数量义的名词具有"不可量化"的语义特征,无法受数量结构修饰,如"成败、方圆、甘苦、利害、主次、收支、首尾;大众、公众、民心、民众、人们、人民;个人、旁人、本人、鄙人、寡人、世家、赤子、浪子、笔者"等(可参看张谊生《现代汉语虚词》、王珏《现代汉语名词研究》)。

总的来看,确实有一部分名词无法受到数量结构的修饰。例(1)(2)中的"马匹、车辆、信件、书籍"就属于这一类。它们都不是普通的个体名词,而是特殊的"名量式复合词"。所谓名量式复合词,顾名思义,就是由名词和作为该事物计量单位的量词构成的特殊复合词。除上述几例外,常见的还有"纸张、船只、房间、事件、人口、花朵、书本、枪支、灯盏、布匹"等(不同学者所划定的范围有所不同,还有一些学者不承认名量式复合词这一类型的存在,可参看董志翘先生《汉语"名量"式复合词的几个相关问题》中的梳理)。

语义上,典型的名量式复合词,如"纸张、人口、花朵、书本、车辆、马匹、枪支"主要表示一类事物的总称,性质上属于"集体名词",是相对于个体名词而言的,其所指对象是一个类,而不是单一的个体。

这种语义特征影响了典型名量式复合词的句法表现:不能与个体量词搭配,大都可以受集合量词以及"点、些"等不定量词修饰,如例(3)所示。

(3) 一些/叠/摞/堆/*张纸张   一些/*个人口   一些/束/*朵花朵   一些/叠/摞/堆/*本书本   一些/批/*辆车辆   一些/队/*匹马匹   一批/些/*支/*把枪支

但可以看到,名量式复合词内部各成员的表现并不一致,如"船只、房间、事件"就可以与个体量词搭配。具体来看,"船只"和"艘","房间"和"个","事件"和"起"的搭配早已出现,直到今天仍在使用,如例(4)—(9)。

(4) 洛杉矶港码头工人,六月十七日夜因工资与工时要求未获结果,实行罢工,致使港内十一艘船只中之十艘,不能装卸货物,惟装运联总救济中国面粉的船只,则继续工作。(《人民日

报》1946 年)

（5）每年有超过 10 万艘货船、价值巨大的货物从中国南海经过，没有发生一次事故或有<u>一艘船只</u>处于危险之中。（《人民日报》2016 年）

（6）觉民虽然和觉慧同住在<u>一个房间</u>里面，但是这几天他一直忙着自己的事情。（巴金《家》1931 年）

（7）即便现在有了办公楼，还要七八个人挤<u>一个房间</u>。（《人民日报》2019 年）

（8）对这<u>两起事件</u>，我方提出抗议。（《人民日报》1952 年）

（9）在<u>这起事件</u>中令人感动的是，施暴者的两位前妻、两位朋友和一位学生也为受害者发了声。（《人民日报》2019 年）

同时，我们也找到了典型的名量式复合词与个体量词搭配的实际用例。可见，名量式复合词的功能发生了一定程度的变异。

（10）这位教授利用计算机联网迅速交流信息，这学期已过去一大半，他还没有发放过<u>一页纸张</u>。（《人民日报》1994 年）

（11）在位于辽宁省图书馆内的辽宁省古籍保护中心，记者看到三四名修复技师正对一页页残破不全的古籍进行精心修复，经他们手的<u>每一页纸张</u>都至少有百年以上的历史，这让他们不敢有丝毫的马虎。（CCL\2010s\201x\网络语料\微信公众号\Wechat_042.txt）

（12）为了带来恰到好处的层次感，<u>每一片纸张</u>之间都有一个 3 毫米的小隔片。（CCL\2010s\201x\网络语料\微信公众号\Wechat_173.txt）

（13）这是无数革命先烈的鲜血培植起来的<u>一枝花朵</u>。（《人民日报》1954 年）

（14）不久，这座新建的城市就像是水库的<u>一个花朵</u>开放出

来。(《人民日报》1954 年)

（15）希望能引起人们的注意，把这<u>一支花朵</u>培育得更其灿烂。(《人民日报》1957 年)

（16）由此看来，简易洗衣机也是技术革新运动中的<u>一个花朵</u>。(《人民日报》1960 年)

（17）大瀑布是美的杰作，是我们这个星球上自然美的<u>一个花朵</u>。(《人民日报》1987 年)

（18）他母亲弯腰摘了<u>一朵花朵</u>作为帽饰。(《人民日报》2000 年)

（19）鞍山钢铁公司和沈阳铁路管理局签订运输互助合同以来，9 月份平均<u>每一台车辆</u>在鞍钢厂内停留的时间，比 8 月份缩短九个多小时。(《人民日报》1956 年)

（20）六日夜，巴勒斯坦突击队在加沙市附近用炸药炸毁了一段铁路和一座铁桥，然后同以色列援军交战，击毁了敌军<u>一辆车辆</u>，打死打伤敌人若干。(《人民日报》1968 年)

（21）所涉对象是：一个黑人、一个白人、一座游泳池和<u>一支枪支</u>。(《人民日报》1988 年)

对此，我们试着结合名量式复合词的构词方式来思考。

学界对名量式复合词的性质和构造方式存在争议（可参看董秀芳先生《从现代汉语个体量词的名性特征看其内部差异》的梳理）。也有学者提出，在共时视角下统一归为名量式复合词的成分可能有着很不相同的来源。例如，董志翘先生认为"布匹""马匹""车辆""船只"等是真正的名量式复合词，在其形成过程中，名词性成分仍保留着总称一类事物的用法，而量词性成分的计量功能逐渐淡化，成为类似词缀的成分。"花朵""灯盏""人口""书本"等，原是"名+名"式复合词，且两个名词性成分多是同义的，所指对象相近或相同，往往都有集合义。只是第二个名词性成分的量词特征越来越明显,到了现代不易区分。"纸张""枪支"等则是在近代晚期才新造出来的名量式复合词(《汉语"名量"式复合词的几个相关问题》)。

由此我们认为,一方面,真正的名量式复合词中,量词性成分几乎成了词缀,仅靠一个名词性成分,不一定能保持类指功能。因为汉语光杆名词的指称属性并不稳定,尽管默认表示类指,但在语境影响下也有定指等不同解读,如我们说"书在哪儿"时,光杆名词"书"就不是指一个类,而是指一个确定的个体;原是"名+名"式复合词的成分,由于第二个名词性成分的量词特征逐渐明显,也会出现上述的类似情况。晚近新造的名量式复合词更可能有这一表现。

另一方面,也是更重要的一方面,汉语中,与单音节的"布、马、车、船、花、灯、人、书、纸、枪"相比,双音节的"布匹、马匹、车辆、船只、花朵、灯盏、人口、书本、纸张、枪支"则明显有着更强的书面语体色彩。至少从目前来看,这种语体风格上的弥补仍具有不可替代性。也就是说,除了这些集合名词外,我们一时找不到其他具有书面语体色彩的相应双音节词。这就造成在部分书面表达中,当人们认为单音节词不够庄重或正式时,便会使用双音节的名量式复合词代替,自然就可能将其与个体量词搭配。由于这一过程是纯粹的"取双代单"以追求语体风格的恰当性,人们往往会忽略单双音节词之间还存在个体名词—集体名词这一属性的差异。

与之相关的现象是,网络语言中,人们为追求更高程度的口语化,将一些黏着的单音节语素单独拿出来作为单音节词使用,如例(22)的"刊"取自"刊物"或"期刊",原本是绝不独用的词根语素,现在却有了全新的用法,且这一用法不是个例。

(22) 这本刊的研究领域是语言学,我们一起来了解下这本

刊的基本信息。(微信公众号"AHCI 检索"2024－01－17)

(23) 带上这本刊,明年更精彩!(微信公众号"中小学信息技术教育"2023－12－15)

(24) 今年首获 IF,这本刊正在征稿!(微信公众号"Sage 世哲"2024－02－23)

此外,"剧"也有类似的表现。在社交平台上可以检索到大量"这部剧"甚至"他的剧"的用例。在上个世纪,"这部剧"已经出现但实例数目不多,而现在的流行趋势说明这一情况已经与早年有所不同。

当老师"表扬自己"时到底在表扬谁?

　　有读者来信介绍,发现一些语病评改书上说例(1)中的"自己"所指对象模棱两可,既可以理解为"老师",也可以理解为"我"。

　　(1)今天老师又在班上表扬了<u>自己</u>,但是我觉得还需要继续努力。(例自《汉语语病研究——语病的评析与修改》)

　　读者的疑问是:例(1)中的"自己"似乎只能指"老师"而不能指"我",至少在没有上文铺垫的情况下,不会轻易理解成"我"。而且,这句话在语法上似乎没有问题,它确实表达了"老师表扬了老师,但我认为老师还需要继续努力"的意思。唯一的问题在于其句意有悖于"常理"罢了。读者苦恼:为什么自己的语感会与书上的解释存在分歧?

　　其实,这涉及现代汉语中"自己"这个成分特殊的"双重身份"。结合普通语言学理论,我们将第一重身份称为"强调代词",将第二重身份称为"反身代词"。

　　汉语母语者对"强调代词"这重身份一般会感到比较陌生。因为这一概念在汉语学界并不常用。所谓"强调代词",指用来加强句中某一名词性成分的信息强度的代词性成分,被强化的名词性成分一般已在句中出现过(被强化的名词性成分称为"先行词")。强调代词和先行词的所指对象是一致的(即存在"同指关系")[可参看刘丹青编著《语法调查研究手册(第二版)》]。如例(2)的"小张""老王"就是先行词,而"自己"就是强调代词,所指的也是"小张""老王"。如上所述,汉语研究中并不太使用

"强调代词"这一概念,"自己"也常分析为副词,意为"亲自、独自"。

(2) 小张<u>自己</u>走了。 老王经常<u>自己</u>待在家里。

接触过英语语法的读者则会对后一重身份"反身代词"比较熟悉。英语中就有一组反身代词,包括 myself、himself、herself、yourself、itself、ourselves、yourselves、themselves 等。"反身代词",指主要用于句内回指的代词,也就是与句内的某个名词性成分相照应的代词,大致可以理解为"某人本人"的意思,如例(3)—(5)的"自己"都是反身代词。

(3) 小王只关心<u>自己</u>。

(4) 小王知道<u>自己</u>很喜欢小李。

(5) 小王知道小李很喜欢<u>自己</u>。

例(3)中只有一个名词性成分,因此"自己"一定与"小王"相照应,句子意为"小王只关心小王";例(4)虽有两个名词性成分,但"自己"也无疑问地与先行的"小王"相照应,句子意为"小王知道小王很喜欢小李";例(5)的情况比较复杂。"自己"前有两个名词,既可与"小王"照应,意为"小王知道小李很喜欢小王",也可与"小李"照应,意为"小王知道小李很喜欢小李"。

回到例(1),"今天老师又在班上表扬了自己",由于句中只有一个可供照应的名词性成分"老师",作为母语者,我们的语感会自然地将"自己"和"老师"关联起来。所以我们认为来信读者的感觉是正确的,从例(1)这个句子本身来看,其实是不太容易将"自己"理解为"我"的。

类似地,例(6)的"自己"同样不太容易理解成"我",而只能指"老师"。例(7)中的"自己"也只能理解成"刁老板",因为"荆天雷"由介词"为"介引,被"困"在介词结构之中,无法取代"刁老板"成为后一小句的主语。但若这两例作上述理解,则都与逻辑或事实不符。

（6）回想高中三年难忘的学习生活,我的思想和学习取得了很大的进步,这是老师对<u>自己</u>严格要求的结果。(《高考领航·语文·语言文字应用:选修》)

（7）当刁老板为荆天雷介绍他家人员时,不料发现<u>自己</u>的妹妹天凤竟先期混入刁府,已是刁府的丫头了。(《电影故事》1987 年第 4 期)

同时,读者也已经提到,如果要把例(1)中"自己"的所指对象理解成"我",需要有上文铺垫。如果这段话有明确的上文,如例(8)所示,"自己"才有两种不同照应的可能性。

（8）前几天我才被授予荣誉称号,今天老师又在班上表扬了<u>自己</u>……

当然,汉语的"自己"及其相关的问题远比这里说的复杂,我们只是就读者所提出的问题做一个简单的讨论。

不说"您们",该如何礼貌地称呼一群人？

　　我们知道,汉语中没有完善的敬称系统。邻国语言中,日语和韩语等都有发达的敬称系统。以日语为例,"さん"是较为正式的礼节性称呼,可加在人名甚至职业、工作场所之后,如"店員さん"(店员)、"本屋さん"(书店老板、书店工作人员)等,适用于绝大多数需要表尊敬的场合。

　　汉语敬称系统的"缺失"造成极大不便的情形之一,就是青年女性需要敬称既非上级,也不从事某些有专门称呼的特定职业(如教师、医生、律师、工程师等),而在年龄上又与自己有一定差距(却尚未构成代际差距),不便直呼其名的男性的情况。若这位男士是说话人认识的某位女性的丈夫,还可称为"姐夫、妹夫"。最尴尬的是,若连这层"中介"关系都没有,贸然称对方为"某哥",有时就显得过于亲密。而文人间"称兄道弟"的称谓又颇有讲究,一般不适用于现代口语。陈璧耀先生在《如何称呼对话双方的亲属》一文中,已经提到文人间被称为"兄"的对方,是辈分低于自己或年龄小于自己的人,这是类亲属称谓上传统的"舍低就高"原则。胡适在与顾颉刚通信时,因胡年长于顾,多称顾为"颉刚兄",而顾则称胡为"适之先生"。在现代,哪怕仅借"兄"的"兄长"义,若贸然称年长男性为"某兄",也可能不够郑重。但若总称对方为"某先生",又难免太过严肃,或使交际距离过远,显得"怪怪的"。

　　有趣的是,普通话中的这类"缺失",在一些方言中却有相应的词汇形式可以弥补,如南部吴语瑞安话中的"大"。年纪较轻的一方(无论男女),都可称年长一方的男性为"名+大"。尤其当青年女性称对方"某大"时,不像"某哥"过于亲密,而是一种郑重的敬称,在交际上有着恰到好处的距离。

普通话及北方方言的单数第二人称代词有敬称形式"您"(以前的北京口语中还有一个第三人称敬称形式"怹"),而南方方言的人称代词普遍没有敬称形式。这也造成许多南方方言母语者使用普通话时,常不加注意,不使用"您",有时在对话中使北方人感到别扭、异样,甚至造成不必要的误解。正如吕叔湘、江蓝生先生在《近代汉语指代词》中所说,(汉语中)对不该称"你"的人称"你"是不礼貌的,甚至是一种侮辱。实际上,南方人说"普通话"时不用"您",只是因为母语方言中缺少这类敬称形式,并非故意不尊重对方。

同时,普通话及北方方言的复数第二人称代词也没有敬称,即一般不说"您们",这也使人们在需要对多于一人使用敬称的场合较为尴尬。对此,交际中一般常用的弥补措施是:用不惯"您"的南方方言母语者直接以对方的头衔、职务来面称,或根据对方的年龄和性别,以相应亲属称谓词来面称以示敬重。在需要对多于一人使用敬称时,则以对方的头衔、职务或相应亲属称谓词,配合"各位××"或"××们"等形式,如"各位阿姨""老师们"。当群体组成过于复杂时,也可以称"各位女士""先生们"等。

当然,各语言/方言也会根据自己的实际情况,进行一些个性化的功能分工,如法语的 vous、德语的 Sie,都是第二人称复数形式用作单数形式表敬称的情况。

总的来说,敬称系统具有跨语言/方言差异。日语等语言敬称发达,其发达性还体现在对各年龄、各阶层等都有特定的称呼,如对陌生人、关系疏远的人使用的"お+称谓语",对男性少年儿童以及成年男性后辈、下属等使用的"くん",爱称某人时使用的"ちゃん"等。而且,这些基于不同人际关系的称呼还配合完整的敬语系统。汉语普通话的敬称一般仅见于单数第二人称代词。

敬称系统不发达或完全没有敬称的语言,只能由其他手段"弥补"。

第一,使用不成系统、强制程度低的词汇形式。如瑞安话的"大"一般只有老派母语者使用,且并非所有符合条件的场合都强制使用。

第二,将敬称义"寄生"于某些已有的、发达的形式手段。如上文所述,在需要对多于一人使用敬称的场合,根据具体情况使用"各位"和"们"。一般认为,汉语的"各位"和"们"等主要用于构造"集体",较之直呼对方为"你们"显得礼貌、尊敬,则是"寄生"的产物,高效地弥补了敬称系统不发达造成的不便。

这一切产生的动力是语用交际的礼貌需求。叶圣陶先生说,礼貌语言决非虚文俗套,人与人相处,盖本当如此。所谓诚于中而形于外,果能认真待人接物,出言吐语自当力求适当,使对方闻而愉悦、舒服(《给北京市语言学会〈礼貌和礼貌语言手册〉编写小组的回信》)。

四个"我们"：外延与内涵

2019 年 6 月 27 日，娱乐明星范冰冰、李晨在微博宣布分手。分手宣言"我们不再是我们，我们依然是我们"也因其特殊的语言表达效果引起一定关注。本篇重点关注的是句中的四个"我们"，其指称解读和指称用法有所不同，是特殊表达效果的主要来源之一。

"指称"最初是语言哲学的研究课题，主要探讨名称和对象的关系。语言哲学家约翰·密尔（John Stuart Mill）最早提出"外延"和"内涵"这对逻辑概念。简单来说，外延指的是实体，内涵指的是实体的属性或特征。1966 年，唐纳兰（Keith Donnellan）在《指称与限定描述语》中指出，应区分同一语言表达式的二重用法：指涉用法和描述用法，前者关注语言表达式和现实实体的对应，后者关注实体的属性。他用于说明这二重用法的经典例子流传至今：Smith's murderer is insane.（杀害史密斯的凶手精神不正常）。当 Smith's murderer 是指涉用法时，凶手身份明确，"凶手"这一具体对象精神不正常；当 Smith's murderer 是描述用法时，凶手身份并不明确，"凶手"不指某个具体对象，而是描述一组特征或属性。他的研究主要针对有定摹状词展开，随着研究深入，学者们认为各类名词性成分可能都有二重用法（更多研究及述评请参看陈嘉映《语言哲学》或涂纪亮《英美语言哲学概论》）。

下面回到二人的分手宣言。人称代词"我们"属于"索引词",帕赫蒂(Barbara Partee)等在《语言研究的数学方法》(*Mathematical Methods in Linguistics*)中的定义为"语义解释本质上依赖于其使用的言外情景"的成分。人称代词乍看只有外延而无内涵。但在具体情境中,人称代词常与具体对象关联,因此与专有名词具有相似之处。

具体来看,"我们①"和"我们③"关注外延,指的就是两位当事人。

"我们④"同时有外延和内涵。外延是两位当事人,内涵是两人的属性和特征,包括性别、职业、社会地位等。不过,"我们④"的内涵获得是曲折迂回的:通过指涉两位当事人,建立起"我们"与具体外延的联系,再描述具体对象的属性和特征(内涵)。

"我们②"的指称用法尤其复杂,集中体现了语言艺术。首先,两位当事人的外延没有变化,李晨还是李晨,范冰冰还是范冰冰。二人的内涵特征也难被"不再是"完全否定。实际上,"我们②"指称的是两人的"关系","我们不再是我们"是对恋人关系的否定。其次,2015年,二人以一条内容为"我们"的微博公开恋情,"我们②"是以相同词汇形式"回指"恋爱宣言,实际上是"回指"公开恋情这一"事件"(二人的恋人关系是这一事件的"结果")。"回指(anaphora)"是一个复杂概念,其表现具有跨语言的显著差异。"回指"指以一个较简省的形式指称上下文(尤指上文)中一个所指相同而形式较复杂的成分[可参看刘丹青编著《语法调查研究手册》(第二版)]。汉语最常用代词回指事件,包括第三人称代词和指示代词,前者如"巴拿马运河扩建中的首个工程项目成功进行了爆破,它标志着运河扩建工程正式启动"中的"它",后者如"散散步,谈谈话,这就是生活"中的"这"(例自张斌主编《现代汉语描写语法》)。而"我们不再是我们"不用最常规手段回指,从而获得特殊的表达效果。

总的来说,"我们不再是我们,我们依然是我们"中的四个"我们"在指涉(外延)和描述(内涵)、用于直指和回指上具有不同表现,其特殊语言效果的产生与指称解读密不可分。而且,这句宣言由两个"是"字句组成,"是"字句又是创造复杂指称效果的优良环境。

另外,这句宣言的特殊效果也与"咱们"和"我们"的混用有关。二者都是第一人称复数形式,不同在于:"咱们"包括"我"和"你",属于"包括式"(吕叔湘《中国文法要略》)。普通话的"我们"包括"我"和其他人,可以包括"你",也可以排除"你"。在与"咱们"对举时有"排除式"的效果,但这种"排除"并不强烈。与"我们"相比,"咱们"具有立场义和同盟义。"我们②"实际上是"咱们","不再是"是对同盟关系的否定,"我们④"显然没有同盟义。"我们"对立场义的模糊允许由同一形式表达同盟义的"有"与"无",促成该句构造出大部分内容相同的对举格式。一些方言有真正对立的包括式和排除式,如吴语瑞安话的包括式是"自倲",排除式是"我倲",使用中必须严格区分。有了这层限制,就较难构造类似的对举格式以产生特殊效果。

"是否是"是错误用法还是强化表达?

　　"是否"是现代汉语中常用的副词,用于书面语,义为"是不是",可以用于问句,一般在动词前,有时也可以在主语前,如例(1)(《现代汉语八百词(增订本)》)。

　　(1) 你的身体是否比以前好些了?

　　他是否也来参加?　　是否他也来参加?

　　这个结论是否有科学依据呢?

　　"是否"也可以用于宾语小句或主语小句,此时,整个句子不是问句,如例(2)。

　　(2) 我不知道他是否同意我们的意见。

　　这个意见是否正确,还需要通过实践来检验。

　　《八百词》着重提到,"是否"后面不可以带名词性成分,如"*是否他"。而"是不是"则是可以的,如"是不是他"。在实际使用中,我们却不难看到"是否"后带名词性成分的例子。主要有以下两种情况。

　　第一,"是否"后再加"是"或"为"就可以说了,如"是否是红色"或"是否为红色"。

　　这无疑是符合语法规范的。副词"是否"不能和名词性成分搭配,只和谓词性成分搭配。它可以自由地与系词(系动词)"是"或"为"搭配。而系词后的表语成分(现代汉语语法体系中少用"表语"这一概念,而是统一称作"宾语")可以是名词性或谓词性的成分。

第二,"是否"后直接加名词有时似乎也是可以说的。邹韶华《"是否"后边能带名词性成分》给出了几个相关的例句。可以看到,邹文中的例句或是正式的书面语体,如例(3)(4);或是非书面语体中的存古用法,如例(5),以使表达紧凑连贯。

(3) 第八段说他一九六六年任县防疫站副站长,四次被选为县人民代表,但这个"县"<u>是否蓬安县</u>,没有说明。(《吕叔湘语文论集》,286 页)

(4) "颖脱"<u>是否一个词</u>(《中国语文》,1983 年第 1 期,70 页)

(5) 这脚印不大不小,留在踏得深深的雪窝里。她却怎么也辨认不出<u>是否老头儿的脚印</u>。(《人民文学》,1981 年第 8 期,57 页)

提到"存古",自然要关心"是否"的语法化及其与"是不是"在汉语史上的关系。周延松《"是否"的语法化及其与"是不是""是否是"的功能差异》讨论了"是否"和"是不是"的关系。周文统计发现,"是否"和"是不是"大约都在六朝时期出现,彼时,二者仅有语体色彩的差别。"是否"到清代才基本完成向副词转变的语法化过程,与"是不是"形成明确的句法分工。但同时,"是否"仍有一定数量的后接名词性成分的用例。综上,尽管"是否"在现代汉语中扎扎实实地是一个副词,但仍偶有上述存古用法。这是言语现象而非语言现象,可以说是"文风"的问题而不是"文法"的问题。

同时,"是否"和"是不是"从仅有语体色彩差别到形成明确句法分工这一转变,也符合语言经济性。现代汉语中,口语和书面语的差距不再像汉语史上的特定阶段那样显著,原本主要在语体色彩上形成分工的两个形式可能进一步地在句法上形成分工,承担不同的句法功能,这是语言形式的物尽其用。但是,二者的语体差异并未就此抹去,尤其是一些半文半白、半书面半口语的场景很可能催生出新的用法:既要表达事物、事理的一正一反两个方面,又希望避免使用过于口语化的"是不是",同时要遵守现代汉语的语法规则。这里所说的语法规则主要与汉语判断句的表达方式有关。

以表达性质判断的判断句为例。当系词后是谓词性成分时,要表达事理的正反两方面,可以由"是否"直接搭配谓词性成分,如例(6);也可以由"是否"与"是+谓词(+的)"搭配,如例(7)。

(6) 同一阶方程一样,高阶方程也存在着是否有解和解是否唯一的问题。(CCL\当代\CWAC\SMT0481.txt)

(7) 一个可逆矩阵的逆矩阵是否是惟一的?(CCL\当代\CWAC\SCT0431.txt)

例(6)的"是否"可以换用为"是不是",例(7)的"是否"一般不直接换用为"是不是",否则会造成两个"是"扎堆出现。此时,只能将"是不是"与"是+谓词(+的)"糅合在一起,见例(8)[改自例(7)]。

(8) a. 一个可逆矩阵的逆矩阵是不是是惟一的?

b. 一个可逆矩阵的逆矩阵是不是惟一的?

当系词后是名词性成分时,常规情况是"是否"先与"是"组合再后加名词性成分,尤其是如例(9)所示的名词性成分"又长又重"的情况。

(9) 每个人都应该重视的是自己是否是一个真诚的,值得别人尊敬的人。(李开复访谈《不在乎别人如何评价》)

当然,上文所述的存古用法有时可以突破这一限制,但仍需要综合考虑音节数等问题。而且,"是否"直接与名词性成分搭配的非常规性、有标记性是每个汉语母语者都能感知到的:这是一种半文半白、半口语半书面的说法。

同时,需要注意的是,例(7)和例(9)中的"是否是"并非"是不是"的书面形式。"是不是"是现代汉语反复问句的结构标记,也可以用于非疑问句,表示同时关涉事物、事理的正反两个方面。"是否是"的形成机制与"是不是"不同,它一种叠床架屋式的结构:副词"是否"长期与判断句在线性上紧密排列,并产生进一步发展,其语义实质是"是否/是……"或"是不是/是"。刘清平、储泽祥《"是否是"的多角度考察》指出,"是否是"的源格式是"是否+×+是+NP",其中"×"多是"就、都、也"等副词。由于去掉"×"并不影响句子的基本语义,因此"是否"和"是"经常比邻而用,进一步证明了"是否是"应是"是否/是",而与"是/不是"完全不同。

总的来看,"是否是"是合语法的,日常表达中大量存在的"是否是"也不是习非成是,而是有理有据的语言发展。

"随着……后"可说吗？

有读者来信介绍,自己读书时发现一些语病评改书对例(1)所示的病句的"诊断"是"分句排列不合逻辑"。

（1）随着食品安全问题实行一把手负责制后,查出来的问题越来越多,检测标准越来越细,惩处越来越严。(《大连日报》2011年5月30日A9版,例自《新闻语病汇析》)

此书的"治疗"方案是:根据逻辑递进关系修改为"检测标准越来越细,查出来的问题越来越多,惩处越来越严"。

读者的疑问是:除了明显存在的逻辑颠倒问题,这句话是否还有别的问题?"随着……后"这一表达符合语法规范吗?

方清明编著的《现代汉语介词用法词典》指出,"随着"多表示伴随的条件,在这个条件的影响下产生了某种结果,"条件在前","结果"跟着产生。"随着"多出现在句首,如例(2)(3),也有在句中出现的用法,但用例相对较少,如例(4)。

（2）随着人口的增长,以前忽略的问题日渐严重起来了。

（3）随着各方面建设事业的发展,人们的物质和文化生活水平大大提高了。

（4）水果的价格随着季节有所变化。

"随着"可以用在"随着……而……""随着……,越来越……"等框架中,均表现条件和结果的逻辑顺承关系。

我们在《现代汉语介词用法词典》的例子中并未看到"随着……后"的用法。这是因为条件和结果的逻辑先后通过"随着"即可表现,不需要再通过"后"表现。例(1)可以修改为"随着食品安全问题实行一把手负责制"或"在食品安全问题实行一把手负责制后",二者均可表示时间的延续或事态的发展,可以体现条件-结果关系。若是重复,反而杂糅了。

与"随着……后"类似的还有"除了……之余"等,如例(5)。

(5)半个多世纪以来,先生**除了**教课**之余**,尚努力从事艺术实践,积极深入工厂、牧区、农村,创作了一大批脍炙人口的美术作品(例自《汉语语病研究——语病的评析与修改》)。

"除了"本就有"……之余"的意味,放在一起反而显得重复杂糅,亦可改为"除了"或"在……之余"。

情况类似的还有例(6)。

(6)目前,一条**连接**山西大同**至**秦皇岛的铁路正在建设中。(例自《新闻语病汇析》)

"连接"指(事物)互相衔接(《现代汉语词典》第7版),所关联的应是两个离散的对象。这里应将"至"改为"和",否则"连接"的对象便是既成的"线段",这是不合理的,语义上彼此矛盾。

上述三个病例看似彼此独立,实际上有内在逻辑:构成框式的介词或介词与其同现的成分彼此应该在逻辑上没有矛盾,在功能上有明确分工,不应有冲突,也不能有重复。这也可以帮助我们概括性地掌握一系列介词(尤其是框式介词)的用法。

贰 句法成分

上一章我们说到，词是重要的语法单位。在传统语法研究中，词甚至被认为是最重要的语法单位。以词为枢纽，可将语法研究分为词法学和句法学两部分。简单来说，词法学研究的是词如何构成，词有哪些形态上的变化以及词类如何划分(当然，在形态不发达的语言中，词类问题是词法和句法的综合性问题)；句法学研究的是词与词如何组成更大的单位，主要指词组(短语)和句子。当词与词组合时，彼此就不再是无关的或孤立的，而是形成了特定的结构关系。

　　在具体的结构关系中，人们可以分类识别不同的句法成分，如较常见的主语、谓语、宾语、定语、状语、补语等，也有一些多"活跃"于学术讨论而平时少被提及的成分。日常表达中，不少语病或疑问都与这些句法成分的误用、滥用或缺失有关。本章我们就由此入手，讨论几个相关的案例。

"你是什么垃圾":领属转喻的认知机制

《上海市生活垃圾管理条例》于 2019 年 7 月 1 日正式推行,一位生活在上海的网友发了这样一条微博:据说现在住魔都的人每天都要经受老阿姨的两次灵魂拷问——你是什么垃圾？除了反复琢磨垃圾分类标准,许多细心市民更不禁陷入沉思:为什么此时可以说"你是什么垃圾"？

其实,类似现象在汉语中很常见。在垃圾回收时,"你"是"可回收垃圾";在快餐店里,"我"是"奥尔良烤鸡腿堡"。要是在菜市场里留心听,还能听到许多顾客求着店家"快把我称一称"。对类似现象的关注可往前追溯。早在 1968 年,赵元任先生就在《中国话的文法》(*A Grammar of Spoken Chinese*)中记录了一个经典例子:

(1) 他是一个日本女人。

这个句子从表面上看毫无逻辑。但根据实际对话记录,语境中讨论的是各人的"佣人"。"他是一个日本女人"在语境中指的是"他的佣人是一个日本女人"。

但是,在不少基于教学语法系统的语病评改书中,这类句子被认为是明显的"主谓搭配不当",如例(2)(3)(例自《文章病例评改集全》)。

(2) 他当时已是十几岁的懂事年龄。

(3) 李宝珍是个中等身材。

但实际使用中大量的例子,提示我们不应简单地将这种现象视作"失误"。

早期的一些研究将这类现象称为"省略"。其实,"省略"是一种宽泛的说法,是对这些相似或相同"现象"的归类而不是解释。也有一些研究用汉语的"意合"特点来解释这些自由的"省略"现象。所谓"意合",指的是结构成分不借助形态手段或虚词直接组合,是"parataxis"的意译。后来,"意合"这一概念的使用范围被扩大了,人们在使用"意合"时,往往更强调"意会"和"以义相合"。"意合"一定程度上指出了汉语的类型特点,但仍然在具体问题上缺少针对性。目前来看,比较可信的是董秀芳教授《领属转喻与汉语的句法和语篇》中对这类特殊句子的解释:这种表面上不合逻辑的句子实际上是领属转喻的认知机制在汉语语篇中运作的结果。

一方面,这一解释依据的是具有人类认知共性的"转喻"机制。认知语言学家乔治·莱考夫(George Lakoff)在其代表作《女人、火与危险事物:范畴显示的心智》(*Women, Fire and Dangerous Things*:*What Categories Reveal About the Mind*)中这样定义"转喻":人们常常采用某一事物容易理解或领悟的方面来表示该事物的整体、其他部分或某一方面,可以将其简单地理解为汉语修辞格中常见的"借代"。

另一方面,这一解释又考虑了汉语的类型特点。例(1)就是以领属结构"他的佣人"的一部分——领有者"他"——来转指领属结构的整体。不出现的部分——被领有者"佣人"是话语中的话题,必定在先前的句子或话语中出现过。同样地,"你是什么垃圾"实际上是说"你的垃圾是什么垃圾"。"垃圾"是垃圾分类处理现场默认的"话题",因此可以不出现,整个领属结构由领有者"你"来转指。总的来说,以领有者转指整个领属结构的转喻,塑造了汉语中特殊的"是"字句。在英语等语言中就基本不存在这种转指用法。

另外,这一转指机制也作用于汉语的部分比较句,如"他的衣服比我的衣服多"表达为"他的衣服比我多"更为自然。但在另一些比较句中会出现歧义,如"他的姐姐比我的姐姐漂亮"就不能表达为"他的姐姐比我漂亮",这与领属语义的具体类型有关,涉及更多复杂的问题,这里就不展开了。

从汉语的类型特点来看,首先,汉语是话题优先型语言。"话题优先"是李讷(Charles Li)和汤珊迪(Sandra A. Thompson)在《主语和话题:一种新的语言类型学》(*Subject and Topic:A New Typology of Language*)一文中提出的参项。普通话中常有这样的句子,如"吵架他肯定赢不了我"。

一些吴方言的话题则更为突出,如例(4)。

(4)〈温州〉话末讲不灵清,讲么亦爱讲险爱讲(话说不清楚,却又很爱说)。

其次,像"你是什么垃圾"这类句子的形成机制进一步显示,汉语中,不仅句子层面的话题重要,话语层面的话题也重要,进一步显示了语篇研究对汉语句法研究的重要性。

随着当代语言类型学的发展以及对汉语个性类型特征的进一步研究,这些日常语言现象的背后机制将会得到更细致和更准确的解释。当然,这也不是说所有形式上相似的句子就都可说了。例(5)(6)是典型的"主谓搭配不当"的病例(例自《病句例话》),无法用上述机制进行解读。

(5) 大庆油田的<u>蕴藏量</u>是我国最丰富的<u>地区</u>之一。

(6) 这最后一天的<u>劳动</u>是最紧张、最有意义的<u>一天</u>。

说了，却没"完全说"

成分残缺是一种常见的病句类型，又可进一步分为主语残缺、谓语残缺、宾语残缺、定语残缺、状语残缺和补语残缺几种小类。其中，主语残缺和宾语残缺最为常见。

例（1）—（4）是典型的主语残缺病例（例自《语病类析》）。

最常见的表现是将原本的主语含混在介词结构之中，被困在介词结构中的主语无法充当全句的主语，整个句子也就缺乏主语了。这在一定程度上也可视作一种"杂糅"现象，如例（1）（2）。

（1）在老师的教育下，使我改正了许多缺点。

（2）由于她取得优异的成绩，得到老师和同学们的赞扬。

也有因为介词的使用（也包括错误使用），而使得主语彻底"消失"的，如例（3）（4）。

（3）通过《藤野先生》的学习，终于了解了鲁迅弃医从文的原因。

（4）把品德高尚、专业精深、业务熟练、富于进取精神的教师，任教研组长。

不过，一些特殊文体中，例（3）这类句子并不能简单地视为主语残缺的例子。常见的一类文体是学术论文，尤其是理工科论文在阐明研究任务或研究方法时常用无主语的句子，如例（5）—（9）。这主要是因为学术论文讲究主体的"隐身"，以保证叙述的客观性。省略主语有时也是为了保持行文的简洁性。

（5）最后<u>通过</u>光学性质计算，<u>研究</u>了杂质补偿硅的介电函数、折射率和反射率。（《热电联产机组利用热网动态特性提升实时灵活性的自调度策略》）

（6）<u>采用</u>基于密度泛函理论框架下的第一性原理<u>研究</u>了杂质补偿硅(n/p-Sic)的电子态密度、介电函数和折射率等光电性能。（《热电联产机组利用热网动态特性提升实时灵活性的自调度策略》）

（7）<u>针对</u>日内灵活性市场交易，<u>提出</u>一种利用热网动态特性提升 CHP 机组实时灵活性的自调度策略。（《基于第一性原理杂质补偿对硅光电性能影响的研究》）

（8）<u>通过</u>在热平衡恢复期引入量调节，增加灵活性服务期的热功率调节能力，进一步<u>释放</u> CHP 机组电功率调节能力。（《基于第一性原理杂质补偿对硅光电性能影响的研究》）

（9）<u>通过</u>算例分析比较在质调节过程中适度引入量调节对灵活性提升的作用，<u>验证</u>了所提自调度策略的特点与有效性。（《基于第一性原理杂质补偿对硅光电性能影响的研究》）

当然，学术论文也并非总是使用这类无主语的句子，有时也会让主语"本文""本研究""本项目"等显性出现。

另一种主要类型——宾语残缺虽然也很常见，但不像主语残缺一样"错得很明显"，是相对模棱两可的一种类型。例(10)—(14)都是宾语残缺的例子。其实，这些宾语残缺的句子并不是"什么都没说"，可以看到，每个句子中都有涉及宾语的内容，或宾语的一部分，见例句的下划线部分。

（10）他发扬了<u>"友谊第一，比赛第二"</u>。（例自《怎样纠正病句》）

（11）根据<u>全市工业比重大，但原材料和动力工业基础薄弱</u>，发展工业必须以轻工业为重点，积极发展支农工业。（例自

《语病类析》）

（12）当地政府连续五年授予该企业"重合同、守信誉"单位。（例自《语病类析》）

（13）《丝路花雨》用生动的艺术形象阐明了"历史悬明镜，强盛不闭关"。（例自《文章病例评改集全》）

（14）我在报纸上看到他们已经到了北京。（例自《文章病例评改集全》）

只是，这些病例虽提及宾语但还不全。借用一句网络流行语来说就是"说了，但没完全说"。在划线内容后，我们需要依次增补"的精神/风格""的情况""的称号""的道理""的消息"。但事实上，增补成分与其前内容并不是全无联系的。简单来说，后加的名词性成分是对其前具体内容的"概述"或"总结"。二者形式不同，但所指是同一的。用语言学术语来表达，前面的具体内容是后面的概括性名词的"同一性定语"。

而且，这里的"的"都可以换成"这一/个/种"，如例（15）—（19）所示，此时，宾语的前后两个部分也可以理解为同位关系。

（15）他发扬了"友谊第一，比赛第二"这一/种精神。

（16）根据全市工业比重大，但原材料和动力工业基础薄弱这一/种情况……

（17）当地政府连续五年授予该企业"重合同、守信誉"单位这一/个称号。

（18）《丝路花雨》用生动的艺术形象阐明了"历史悬明镜，强盛不闭关"这一/种道理。

（19）我在报纸上看到他们已经到了北京这一/个消息。

由此来看，宾语残缺和主语残缺是有所不同的。一部分主语残缺的病例，可能连主语的"影子"都见不到，如上文例（3）。但宾语残缺一般不是完全缺失，否则句子便完全不成型了。最常见的宾语残缺都是有具体内容,而无概括性的名词。

而且,在实际语言表达中,"有具体内容,而无概括性名词"的宾语有时也是可说的。事实上,上文例(13)(14)的失误程度似乎低于其他例子。我们认为这与具体的谓语动词有关。"阐明"和"看到"后跟的本就是"内容宾语",因此有时可以用具体内容来代替"具体内容+概述名词"。这与"发扬""根据""授予"所带的宾语类型有所不同。

谓语残缺也是口语中较为常见的语病类型,主要是因为"说话太急",一句话还没结束,又匆忙开始说第二句了;或前半部分刚起了个头,后半部分又转了个说法。这同样可视作一种"杂糅",如例(20)(21)(例自《语病类析》)。

(20) 粮棉生产对于我国的重要性,不但因为我国农业比重大,而且因为建设现代化必须先解决温饱问题。

(21) 我校广大师生,在深入开展学雷锋做贡献活动以来,新人新事不断涌现。

最满足经济性且最符合原意的改法,是将起了头却没说完的话变个说法,或"塞"到后半句相应的位置中,构成一个完整的句子。例(20)(21)可对应修改为例(22)(23)。

(22) 粮棉生产对于我国具有重要性,不但因为我国农业比重大,而且因为建设现代化必须先解决温饱问题。

(23) 在我校广大师生深入开展学雷锋做贡献活动以来,新人新事不断涌现。

此外,定语残缺、状语残缺、补语残缺其实多有模棱两可之处,如例(24)—(26)(此三例自《语病类析》)。尽管有些评改书将其判为"残缺句",但我们认为所涉及的定语、状语、补语并不需要强制补出,不必说"凭着好水性""非常正确""强多了"。而且,若从中心词分析法的视角来看,"主、谓、宾、定、状、补"六大句子成分中,后三类本也不是主要成分。

(24) 他凭着水性,连续三次潜入湖中,将三名落水学生救上岸。

(25) 你的意见正确,我非常赞成。

(26) 由于近年来国家采取的一系列惠农政策,农民的生活比起吃大锅饭的年代强了。

多项定语"照面",位置关系如何?

无论在汉语国际教育中,还是在基础语文教育中,或是在日常的语言生活中,人们都会遇到以下问题:当多个定语和中心语同现时,应该如何安排各项定语的位置,如下文例(3);当定语并置时,哪些定语后需要加"的",哪些定语后不需要,如何取舍,如例(1)。

(1)老王去年学报上的谈市场经济发展的那篇长达两万字的学术论文(得了奖)。(例自张卫国《三种定语、三个意义及三个槽位》)

问题之所以复杂,最主要的原因是汉语中的各类定语都位于其所修饰的核心名词之前,这使得多项定语的顺序问题尤为突出。而英语等语言中,名词的修饰语有名词前的形容词和名词后的定语从句两种情况,分别例如 a clever boy 和 a boy who is clever(一个聪明的男孩)。这里主要关心多项定语的位置问题。

可以看到,有些定语绝不换位,如例(2)的"研究"和"重要"。例(3)中的多项定语一般也不能换位。

(2)亚述帝国以征战而闻名,其军事活动是亚述学界的重要研究/* 研究重要问题之一。(例自读者来信)

(3)小王以前客厅里的那台进口的声音悦耳的爱华牌台式迷你型多声道组合音响(例自张卫国《三种定语、三个意义及三个槽位》)

已有研究显示,多项定语的排列顺序遵循一些普遍的规则(">"表示在前,即更远离名词中心语),例(3)基本对应这一规则:

表示归属的名词、代词或词组>表示时间、处所的词>指示代词或数量词>动词或各类谓词短语、介词短语>形容词性短语>不用"的"的形容词和表性质的名词

但这只是一般的倾向。一些句子中,多项定语可以换位,只是换位会引起句义变化,也即一些对外汉语教材所说的"位置较为灵活"的情况,如例(4)(例自刘月华《定语的分类和多项定语的顺序》,c句是我们另拟的)。

(4) a. 我们班操场北面的那间活动室已经锁上了。

b. 操场北面我们班的那间活动室已经锁上了。

c. 我们班那间操场北面的活动室已经锁上了。

我们可以凭借母语者的语感明确:a句可以有"我们班有若干间不同的活动室,其中一间位于操场北面"的解读,b句没有这一解读,c句则是两可的。可见,了解和熟悉规则只是一方面,更重要的是理解不同定语的本质。

汉语研究中,关于定语有一些既有的区分标准。朱德熙先生较早地正式区分了黏合式定语和组合式定语,顾名思义,二者最大的区别是修饰名词中心语时是否带"的":黏合式定语与中心语是"黏合"的,不需要"的"作为钉铆;组合式定语和中心语靠"的"形成组合关系。前者包括名词、区别词和性质形容词定语,如"苹果树、金戒指、红花";后者包括三类:①需要带"的"的定语,②指示词、指量短语、数量短语,③表示领属关系中领有者的成分,分别例如"木头的房子、这一所房子、我弟弟"(可看《语法讲义》)。

当两类定语同现修饰名词中心语时,组合式定语一般应出

现在黏合式定语前。当几个黏合式定语或几个组合式定语共现时，排列的一般顺序为：

表示时间的>表示空间的>表示颜色外观的>质料功能及其他

但上述规则也总有例外，如例(5)。

(5) a. <u>今年刚买的红色的裙子</u>　b. <u>红色的今年刚买的裙子</u>

有学者认为 b 不可说。而我们认为，a 确实更符合自然语感，但 b 也非绝对不成立。在一些具体场景中，如手头有多条红裙子，要从中拎出"今年刚买的"这条时，b 就可说了。

陆丙甫先生将黏合式定语(不带"的"的定语)称为"称谓性定语"，带"的"的定语称为非称谓性定语(《定语的外延性、内涵性和称谓性及其顺序》)。刘丹青先生进一步将定语分为外延性和内涵性两类。前者不可带"的"，主要表明对象的具体所指范围，由指示词、数量短语等充当[可参看《语法调查研究手册(第二版)》]，如例(6)。

(6) <u>这人</u>　<u>三头猪</u>　<u>那五本书</u>　<u>这一百斤大米</u>

后者可带"的"(还可根据"的"出现与否进一步分为称谓性定语和非称谓性定语，此不赘述)，主要给中心语增加内涵语义要素，多由名词、区别词、形容词、动词、介词短语和定语从句充当，如例(7)。

(7) <u>我姐姐</u>　<u>金戒指</u>　<u>聪明孩子</u>
<u>维持秩序的人员</u>　<u>桌上放着的书</u>　<u>上周出差的职员</u>

一般来说，外延性定语离中心语远，内涵性定语离中心语近，因为内涵性定语更倾向于反映事物相对稳定的、内在的性质，因此更倾向于靠近核心名词，这也符合人类语言的认知象似性。

但这一标准同样不能机械套用。例如，有教材认为，例

(8)中,数量短语定语"一种"应放在表示性状的定语"刻画人物性格"和"重要"的前面。但这不是绝对的。其实这两句都是可说的,差异在于 a 句有如下理解:"除了外貌描写,刻画人物性格还有其他手段",而 b 句没有这一解读。

(8) a. 在文学描写中,外貌描写是<u>刻画人物性格的一种重要</u>手段。

b. 在文学描写中,外貌描写是<u>一种刻画人物性格的重要手段。</u>(例自《规范行文大全》)

可见,各种排序规则都有其适用范围。面对复杂的自然语言,每种规则都不一定完全适用:有些表达虽然并不遵循一般规则却仍是合法的,因为它们借此表达了不同的语义,或体现了说话人不同的表达意图,如例(5)和例(8)。这也是汉语语用优先性的重要体现:语用因素是可控的、有限的、规则的,并且是涉及句子通不通而非好不好的重要因素(可参考刘丹青《语义优先还是语用优先——汉语语法学体系建设断想》)。

另外,当修饰名词中心语的成分越来越多,最外侧的定语距离核心很远时,会造成信息处理的不便。因此,一些定语会与已有的同类定语合并成并列项,这涉及"的"的隐现问题(可参考陆丙甫《核心推导语法》)。而"的"的隐现又与定语的性质紧密相关。这是一个非常复杂的问题。

此外,实际口语中,多项定语排列的"严峻"问题往往能经由其他手段部分地得到解决。我们曾在书上看到这样一个改编自笑话的"病例",摘为例(9)。

(9) 一女工惊慌地跑进办公室。老板问:"你怎么迟到了?"她解释道:"我刚才坐车时,在路上遇到了一场惊险,<u>那是一场突发的流了好多血的两车相撞的发生在大街上的伤了许多人的重大车祸</u>,一男的被甩出车外,幸亏我学过外科急救。"老板:

"哦,你去救人了? 值得表扬! 那你是怎么处理的?"她惊恐地说:"我坐在地上,头趴在膝盖上,才没被吓昏过去。"老板:"你?"女工没吓昏,老板气昏了。(例自《似是而非惹的祸——常见语病治疗》)

书中引用这个笑话的原意是讨论多项定语的排列问题。若仅从多项定语的语序这一问题出发,应将例(9)中的画线部分改为例(10)。

(10) 那是突发的发生在大街上的一场两车相撞的伤了许多人的流了好多血的重大车祸。

但事实上,应该没有一位汉语母语者会用例(10)这样的表述,因为这明显是一种欧化句式。例(11)(12)也有类似的问题。

(11) 位于伦敦金融城的瑞士联合银行27日发布了它对世界56个城市进行的每三年一次的多项费用的调查结果。(例自《实用新闻语言》)

(12) 无疑地,它的使命是现在与文学一起成为形成新人和新的生活方式的过程的紧张而有力的参与者。(例自《汉译组构优化研究》)

所引著作均建议改"主语+是+多项定语+名词"的句式为"主语+谓语+宾语",至少也应将其中若干项定语改为有谓语参与的结构,如例(13)(14)所示。

(13) 位于伦敦金融城的瑞士联合银行27日发布了它对世界56个城市每三年进行一次的多项费用的调查结果。

(14) 毫无疑问,它目前的使命是与文学一道,积极主动地参与培养新人,创造新生活。

瞿秋白先生也曾指出,例(15)是欧化表达,有些别扭,应改为例(16)这样的中式表达(引自《鬼门关以外的战争》)。

（15）她是有两个女儿一个儿子的寡妇。

（16）她是一个寡妇，有两个女儿，一个儿子。

同理，例(9)画线部分也可改为例(17)。

（17）那是一场突发的重大车祸，在大街上两辆车相撞，伤了许多人，流了好多血。

"意大利的外商"究竟是哪国商人?

一些语病评改书认为例(1)这样的表述存在问题,"诊断"与"治疗"如下:"外商"是指我国以外的商人,"日本、意大利……等国外商",就不知是指哪个国家的商人了。因此,这里的"外商"应为"商人"。

(1) 光羽绒制品就出口了7.1万件,深受日本,意大利,美国,加拿大,西德等国外商的欢迎。(《湖北省洪湖县由主要出口农副产品变成主要出口轻工产品》,1982年2月28日,例自《新闻语病汇析》)

但我们觉得例(1)其实也不算错。

首先,"外商"意为"外国商人,外国企业"(《现代汉语词典》第7版),并未限定必须是"我国以外"的商人,而应只是(对某国而言的)非本国商人或企业。

其次,汉语的定语可分为限定性的和描写性的,二者的作用以及构成成员都有不同。借用一组哲学术语来表示,限定性定语增加事物的内涵,相应地缩小事物的外延。描写性定语没有这样的作用,其主要作用是描述人或事物的性质、状态,其中心语的外延是固定的,无论是否由定语明确揭示,其内涵亦均是固定的。

总的来看,这篇报道中的"日本、意大利……等国外商"是以我国向外出口的视角来说的,其前所加的定语是描写性的,只是对"外商"的国籍进行进一步说明。

类似的,一些语病评改书认为例(2)的定语"年纪轻轻"是多余的。

(2) 光明大队的<u>年纪轻轻的共青团员们</u>,在兴修水库的劳动中,干得很出色,真正起到了先进的带头作用。

但事实上,共青团员的年龄跨度是比较大的。按照章程,共青团员的年龄上限是 28 周岁,而"年纪轻轻"本身就具有模糊性,可能修饰的是十几岁的团员们也未可知。即便不考虑这一因素,"年纪轻轻"也可以是一个描写性的定语,突出共青团员们"年轻"这一整体特点,强调青少年群体在劳动中发挥的重要作用。从表达效果来看,不能算作多余的成分。

文言中的"状语后置"为什么不宜简单处理为"补语"？

中学文言文教学中所说的"状语后置"主要指"动词性成分+介宾短语"的语序组合,具体包括以下三种情况:

第一,介词"于"组成的介宾短语,如:

(1) 青,取之于蓝,而青于蓝。(《劝学》)

苏子与客泛舟,游于赤壁之下。(《赤壁赋》)

第二,介词"以"组成的介宾短语,如:

(2) 具告以事。(《史记·项羽本纪》)

谨庠序之教,申之以孝悌之义。(《寡人之于国也》)

第三,介词"乎"组成的介宾短语,如:

(3) 生乎吾前,其闻道也固先乎吾。(《师说》)

君子博学而日参省乎己。(《劝学》)

在中学文言文以及中文系"古代汉语"课程的学习中,不少同学都会产生相同的疑问:为什么必须把这类情况解释为状语后置? 能否简单地解释为补语呢? 一些一线中学教师对这一问题亦有所讨论,部分教师主张统一将动词前的介宾短语处理为状语,将动词后的介宾短语处理为补语。一些讨论甚至将状语后置称为"错误说法"。

这样处理是否可行呢? 纵观汉语的古今变化,结合语言类型学视角,我们认为并不可行。

首先来看现代汉语中的"补语"概念。现代汉语的语法体系尤其是教学语法体系一般按修饰成分在动词前还是动词后,将其区分为状语和补语。这是完全从句法位置出发进行的分类:动词前的修饰语统一称为状语,动词后的修饰语统一称为补语。

而且,这个概念是后起的,翻查约一个世纪前的著作,《马氏文通》(1898年)、《新著国语文法》(1924年)、《中国现代语法》(1943年)、《中国文法要略》(1947年)中都没有"补语"这一概念。这是现代汉语语法中相对"特设"的概念。之所以在现代汉语中设立这一概念,主要是因为古今汉语存在差异,现代汉语有着古代汉语中不存在的句法格式。已有研究指出,汉语的"补语"主要是两种语义、语用功能在一定程度上的语法化。现代汉语中,这两种功能无法由其他句法结构表示[具体请参看刘丹青编著《语法调查研究手册(第二版)》]。

一是象似性认知原则的句法化。所谓"象似性",简单来说,指语言成分的形式和意义之间存在一定的相关性。其中比较常见的一条象似性原则是时间/事理象似性:部分结构中,语言形式从前到后所表达的内容符合时间或事理上从先到后进展的顺序。这条象似性原则也与这里的讨论密切相关。补语位置所放置的是应在谓语后出现的成分,如表示结果、行为主体或客体在事件后到达的终点等。如例(4),a的"跑"是动作,"进去"表示主体在事件后到达的终点;b的"进去"是动作,"跑"是"进去"后产生的新动作,也可看作是"进去"的结果。语序差异反映了事理顺序差异,符合认知象似性,不能随意改变。更重要的是,若不用述补结构,我们无法用另一种结构表示上述语义差异。

(4) a. 跑进去 b. 进去跑

二是焦点居后的话语语用原则的句法化。例(5)的a、b两句,其语序差异反映焦点的差异。a句的焦点落在"缓慢",说话人的态度是不满的;b句的焦点落在"进步",说话人的态度是赞赏的。同样,若不用述补结构,我们没有另一种形式可以表示上述语义差异。

（5）a. 他进步缓慢。　　b. 他缓慢进步。

可见,在现代汉语中,这两条原则已成为决定或影响句法结构的重要而基本的规则,也成为支撑这两种述补结构存在的基本理据。

同时,汉语研究者对汉语"补语"所涵盖的对象范围以及述补结构的意义都还有所争论。从结构意义看,现代汉语中,主谓结构的意义是"陈述",述宾结构的意义是"支配",偏正结构的意义是"修饰",联合结构的意义是"并列或选择",但述补结构的意义却没有定论。从补语类型看,有些学者认为只有结果补语、趋向补语才是真正的补语,而其他目前被归入补语的成分实际上不必处理为补语。因为只有这二者及其所在的述补结构才是上文所说的两条语义、语用原则语法化的结果。不过,这是理论语法仍在持续研究的问题,我们暂时不作展开。

然而,即便把这些存在"身份争议"的补语都检视一遍,也可以看到,古汉语中基本上没有"补语"。刘丹青先生已经对比分析过现代汉语中各类补语在古汉语中的情况(《从所谓"补语"谈古代汉语语法学体系的参照系》),有以下几个基本结论。

第一,结合汉语史研究成果可以看到,古汉语中虽有表面上类似于结果补语的成分,如"扑灭"的"灭","助长"的"长"等,但实际使用颇为受限。趋向补语的情况也类似。总的来看,"动词+结果/趋向补语"更像是复合词而非句法结构。一个证据是,吕叔湘先生在《现代汉语八百词》中只将其称为"动结式/动趋式"。

第二,除上述两类外,其余几类:①可能补语、②带"得"的副词性程度补语(如"好得很")、③带"得"的谓词性情状-程度补语(如"说得好听、累得慌")、④带"得"的谓词性结果补语(如

"累得瘫坐在一旁")、⑤带"得"的小句补语(如"说得大家都笑了")、⑥不带"得"的副词性程度补语(如"累坏了")、⑦动量补语(如"跑了两趟"),在古汉语中都是不存在的。

第三,时量补语(如"住了半年")在古汉语中虽有类似结构,但往往可以自由地出现在动词前,所以没有必要处理为补语。

第四,介词结构补语(如"来源于生活")等,对应本篇开头提到的"动词性成分+介宾短语"。但事实上,介宾短语充当状语位于谓语之后,是符合 VO 语言基本语序的。所谓 VO 语言,指以"动词+宾语"(如"吃饭")为基本语序的语言。古今汉语都属于 VO 型语言,后置状语是常规表现。一个来自方言的平行证据是,粤语的 VO 特征比普通话更为典型,理论上后置状语应该更为发达。而粤语中确实就有"走先(先走)""食碗添(再吃一碗)"这样典型的状语后置结构。方言学界素来将"先、添"处理为后置状语,而不处理为补语。

总的来看,古汉语中的"动词性成分+介宾短语"以及其他后置于谓语的疑似"补语"成分不应处理为补语。先贤也已对此进行过不少讨论。

教学语法一般按"较大范围"处理普通话的补语,即将动词后的修饰性成分都处理为补语,而不像理论语法一样主张关注"补语"内部的异质性,甚至仅将结果补语、趋向补语处理为真正的补语。也因此,普通话中,除欧化句式中的特定"倒装法",以及话语中有特定目的的状语后置之外,基本没有"状语后置"现象。欧化句式中的"倒装法"即把状语移到全句后。王希杰先生曾在《修辞学导论》中引穆时英小说中的这类句式,并指出:这种状语后置打破了汉语语法习惯,造成了所谓"陌生化"的效果,如例(6)—(9)。

（6）那些悠长的，安逸的下午，我总坐在园子里，<u>和老园丁，和祖母一同地</u>。（《旧宅》）

（7）我静静儿的坐，<u>和一颗平静空寂的心脏一同地</u>。（《旧宅》）

（8）太阳从白窗纱里透过来，抚摸着紫丁香花朵和她的头发，<u>温柔地</u>。（《公墓》）

（9）那嘹亮凄清的声音懒懒地爬过我家的屋脊，<u>忧郁地</u>。（《父亲》）

话语中有特定目的的状语后置主要指以下情况：有些状语可以出现在中心语之后，如例（10）（11）；甚至离开动词，出现在句首，如例（12）（13）。像例（13）这样由介词结构充当状语的，往往具有一定的话题性质。这些状语所修饰的范围（语言学上称为“辖域”）是整个主谓结构而不仅仅是谓语[可参看范晓《关于汉语的语序问题（一）》等，例亦自此文]。

（10）如果我能够，我要写下我的悔恨和悲哀，<u>为子君，为自己</u>。

（11）她走过去了，<u>轻轻地、轻轻地</u>。

（12）<u>静悄悄地</u>，她走过来了。

（13）<u>在战略上</u>，我们要藐视敌人，<u>在战术上</u>，我们要重视敌人。

在学习中，我们不必深究现代汉语“补语”的具体范围。但在将这一相对特设的概念引入对汉语方言、民族语、古代汉语的学习和研究时，应该更加谨慎。

什么情况下"所"是多余的？

有读者来信介绍在语病评改书上看到的与"所"字结构相关的"病例"，这里摘录为例（1）—（3）。

（1）我们所接触的时间还不长。（例自《大学辞章学》）

（2）这个文化用品商店，一直是由校办工厂所经营的。（例自《语病类析》）

（3）《消费者权益保护法》深受广大消费者所欢迎，因为它强化了人们的自我保护意识，使消费者的权益得到最大限度的保护。（例自《常用语法知识用法例释》）

相关语病评改书上的"诊断"基本都是"滥用介词"，治疗方案则都是删除多余的"所"。

读者的疑问是：在日常生活中明明能够见到大量的"所"与动词搭配的用法，其中也不乏权威媒体的用例。这些"所"都是多余的吗？如果不是，"所"与"所"之间有什么不同，究竟什么样的"所"才是多余的？

与"所"字结构相关的问题比较复杂。因为这一结构在汉语中的历史可以追溯到先秦，尽管用法已经发生不少变化，但仍保留着自那时以来较为重要的语法功能，不能一概视作"可有可无"甚至"多余"的，需要分类讨论。

下面我们先来梳理现代汉语中"所"字结构的类型和已有研究成果，再回过头来具体讨论例（1）—（3）的问题。

现代汉语中，"所"字结构可以分为两大类。

第一类"所"字结构。 "所"出现在动词前构成的整体上具有名词性的结构,指的是承受动作的对象(语义上属于受事),如例(4)的"所"字结构都表达"所 V 的 N"(V 指动词,N 指名词)(部分例子摘自孙德金《现代书面汉语中的文言语法成分研究》的整理,另有增补)。

(4) 所想　所爱　所忆　所闻　所作　所图　所识　所需

所属　所在　所占　所给　所患　所言　所称　所述

所长　所载　所写　所说　所起　所到　所存　所学

所售　所辖　所开　所见　所至　所记　所说　所受

所携　所办　所欠　所产　所挂　所用　所定　所知

所得　所处　所剩　所含　所创　所购　所谈　所提

所译　所去　所列　所获　所历　所读　所收　所访

所献　所建　所玩　所穿　所唱　所赠　所讲　所著

所花　所争　所切　所住　所包　所要　所持　所盼

所积　所忧　所书

不过,例(4)所示的,"所"单独与动词性成分搭配的用法一般只见于书面语或固定格式,正如王力先生所说,"'所'在一般民众口语里是死了。但在智识社会却还保存着,……不过,咱们须知它是古代语法的残余"(《中国现代语法》)。

更常见的结构是"N 所 V 的",如例(5)—(7)。

(5) 我所设想的,也只能是我喜欢的一种编法而已,这里多半没有错对和是非,有的只是不同艺术构思之间的切磋和交流。(《人民日报》2000 年)

(6) 这个定位无疑具有对历史的叛逆性,这正是我所需要的。(《人民日报》2000 年)

(7) 这种颠倒是非的做法是中方所不能接受的。(《人民日报》2000 年)

总的来看,这类"所"字结构可以指代另一人或事物。语言学家们将这种功能称为"转指",即"转而指称"另一对象之意(可参看朱德熙《自指和转指——汉语名词化标记"的、者、所、之"的语法功能和语义功能》)。

那么,什么情况下,这种"所"是必不能出现的呢?

第一,"所"字结构只能提取动作的受事。当"所"字结构修饰的中心语不是受事时就不成立。例(5)—(16)的"所"字结构无一例外都表示动作的承受对象,即受事。如例(8)"昨天所演的"只能指"昨天所演的节目"(受事),而绝对不能指"昨天表演的人"(施事)(例自朱德熙《语法讲义》)。

(8) 昨天所演的→昨天所演的(节目)～*昨天所演的(人)

第二,单独使用的"所 V 的"结构只能充当"是"字句的主语,不能出现在非"是"字句中。同时,这种"所 V 的"不能充当任何句子的宾语,见例(9)(10)(例自陆俭明《"的"字结构和"所"字结构》)。

(9) *所不能看的我们就不看。 不能看的我们就不看。

(10) *所借的都还了。 借的都还了。

第三,单独使用的"N 所 V 的"结构在作宾语时,只能与动词"是"或某些介词搭配,其他情况下都不能出现,见例(11)(12)(例自陆俭明《"的"字结构和"所"字结构》)。

(11) *我要买上海所产的。 我要买上海产的。

(12) *说实在的,我更爱看茅盾所写的。 说实在的,我更爱看茅盾写的。

回头看上文例(1),其中,"时间"并非"接触"的受事,与"所"字结构的功能不符,确实是多余的,应删去。

第二类"所"字结构。其中的"所"看似可有可无。王力先生将其看作动词"词头",指其已经丧失了原本的指示作用(《汉语语法史》）。这种"所"字结构和前一种不同，它无法指代另一人或事物。"所"字结构后也可再加名词性成分，"所"字结构整体充当该名词性成分的定语，如例（13）—（16）。

（13）空间碎片问题是<u>人类进一步开展航天活动所面临的一个重大挑战</u>。（CCL \ 2000s \ 2000 \ 应用文 \ 中国政府白皮书 \ 2000 中华人民共和国国务院新闻办公室　中国的航天.txt）

（14）子敬对爱人说，拿天一作了<u>她所看不起的男子的代表</u>。（老舍《赶集》）

（15）韩中两国文化接近、地理位置上相邻，有历史的交往传统，经济上的互补性强，在各方面的交往都有<u>其他国家所不可比拟的主客观优势</u>。（《人民日报》2000 年）

（16）这既是<u>保证经济体制改革顺利进行所不可缺少的重要措施</u>，又实践了我们党全心全意为人民服务的根本宗旨，体现了社会主义制度的优越性。（《人民日报》2001 年）

多数学者认为这些"所"即便删除也不影响语义。尽管如此，也有学者提出这些"所"有特定的表达功能，可以将听者的注意力引向"所"字结构所修饰的名词性成分，有"聚光灯"的作用（可参考孙德金《现代书面汉语中的文言语法成分研究》）。而这类"所"在日常表达中常被视作冗余成分。

上文例（2）就属于这类情况。"所"删去与否并不影响语义，但在表达方面确实存在区别。我们可以在语料库中找到类似用法，如例（17）—（19）都是权威媒体的实际用例。这类情况不应简单地一概视作语病。

（17）和其他商品一样，外汇的价格也是<u>由供给和需求所决定</u>的。（《人民日报》2000 年）

（18）辩证唯物主义认为，客观事物的发展和变化是<u>由其内在规律所决定</u>的，任何违反其内在规律的外部干预，任何对复杂

问题的简单处理,都是不能奏效的。(《人民日报》2000年)

(19) 广告的商业功能是由它的本质所决定的,这一点毋庸置疑。(《人民日报》2000年)

此外,现代汉语中还保留了文言格式"为……所……"和"有所/无所"。

"为……所……"表示被动义,相对比较简单,如例(20)(21)。

(20) 史表是用表格的形式反映历史史实,具有言简意明、便于查阅等特点,历来为史家所重视。(《人民日报》2010年)

(21) 以300多公里的时速行驶,高铁的安全问题一直为人们所关注。(《人民日报》2010年)

回过头来看例(3),其表达实际上是"为……所……"与"受……"的杂糅,有两种改法,如例(22)所示。

(22) a.《消费者权益保护法》深受广大消费者欢迎。

b.《消费者权益保护法》深为广大消费者所欢迎。

"有所/无所"在书面语中的使用频率相当高,如例(23)。这是文言成分的遗留,意为"有/没有……VP的",如例(24)—(27)。

(23) 然而就在提出普及九年义务教育的战略目标进入最后攻坚阶段时,我们发现目前作为人才后备力量的中学生辍学率有所反弹,这一事实不由令我们忧心如焚。(《人民日报》2000年)

(24) 恐太后玉体之有所郄也。(《触龙说赵太后》)

(25) 所以隐忍苟活,幽于粪土之中而不辞者,恨私心有所不尽,鄙陋没世,而文采不表于后世也。(《报任安书》)

(26) 饮其麻沸散,须臾便如醉死,无所知。(《华佗传》)

(27) 今入关,财物无所取,妇女无所幸,此其志不在小。

(《鸿门宴》)

　　现代汉语中，"无所"的存古程度比"有所"更高，一般仅用于固定组合，如"无所作为、无所不知、无所畏惧、无所事事、无所适从、无所不能、无所遁形、无所不包、无所顾忌"等。

　　总的来看，"所"字结构中的"所"见证和记录了古今汉语的重大变化，在现代汉语中又有了新的发展，不能简单地视作古汉语的遗留，更不能一概处理成多余的成分甚至归为语病。

"治疗"语病的话题结构

有读者来信介绍,一些语病评改书对例(1)的"诊断"是主语搭配不当,具体如下:把主语不适当地放到了定语、宾语或其他位置上,后头的分句主语省略,究竟是什么便不显豁。第一分句中,"这个老人"被放到了主语位置上,使第二分句的主语似乎成了"头发",句意不通。

(1) 这个老人的头发已经花白了,大约有六七十岁了。(例自《语病汇析》)

该书的对应修改是:将第一分句改为"这个老人已经头发花白",或在第二分句加主语"他"。对此,读者有所疑惑:前一改法是否太过"大动干戈",改成"这个老人头发已经花白"似乎也完全可行。

我们赞同读者的看法。其实,只要删除第一分句中的"的","这个老人"就能够成为整个句子的话题,如例(2)所示。无论是"头发花白",还是"年约六七十岁",都是对话题"老人"所作的陈述。

(2) 这个老人头发已经花白了,大约有六七十岁了。

究其原因,主要是因为汉语是较为典型的话题优先型语言。1976 年,李讷(Charles Li)和汤珊迪(Sandra A. Thompson)提出了研究世界语言的一对重要参项——话题优先~主语优先。根据这对参项,汉语是典型的话题优先型语言,英语是典型的主语优先型语言,日语是话题和主语共同优先的语言。总的来看,汉语更注重话题的作用。尽管在教学语法中,话题的地位和重要性并没有得到突显和强调。

事实上,所有语言都有"话题",因为任何语篇或会话一定都围绕着特定"主题"展开。只不过,汉语所关注的话题并不是在这个意义上说的,而是一个固定的句法成分或句法位置,如例(3)(4)中的"曹禺"和"那场火"都是占据句法位置的话题(例自徐烈炯、刘丹青《话题的结构与功能》)。

(3) 曹禺我喜欢他的剧本。

(4) 那场火,幸亏消防队来得快。

例(4)尤其典型,"那场火"在语义上与句子的主要动词无关,而完全凭借常识或背景知识联系起来。这类话题也被切夫(Wallace Chafe)等学者称为"汉语式话题"。

与例(1)的情况类似,一些语病评改书将例(5)—(9)视作"偷换主语"或主语搭配不当的病例(例自《语病汇析》)。但结合汉语的上述特点来看,例(5)—(9)都可得到合理的解释。

例(5)中,"我"是该句的话题,不必将"我忧郁的心情"视作主语,也就不存在偷换主语的问题。例(6)同理,"朱师傅"是该句的话题,后面的述题分别讨论了朱师傅"脸上的笑容""身材""步履"。

(5) 看着这一切,我忧郁的心情一下子开朗起来,仿佛身上增添了无穷的力量,大步向工棚走去。

(6) 朱师傅脸上挂满了笑容,身材高大,实有一座大山的气势,步履比往日更加矫健了。

例(7)—(9)的构造与例(4)相同,"不锈钢钉""数码媒体艺术""这孩子的病"都是与主要动词无关的典型的汉语式话题。

(7) 一种新研制的硬度更高、抗腐蚀性更强的不锈钢钉,最近在全市设立了十处零售点和批发点。

（8）<u>数码媒体艺术</u>，大多数人还是比较陌生的。

（9）<u>这孩子的病</u>，看样子是要住院。

此外，一语病评改书认为例（10）存在句子成分残缺的问题。

（10）公开信息显示：<u>宁波市人均水资源拥有量仅为全国的 62% 和全省的 61%</u>。（例自《汉语语病研究——语病的评析与修改》）

该书是这样"诊断"的：句子对宁波水资源拥有量的两个百分比缺少限制，进而产生歧义——与其相较的是全国（或全省）人均拥有量，还是其总量？相应的"治疗"方案是：在两个百分比前各加上限制词"人均拥有量"。而我们认为，此处其实无需增补限制词，否则反而会显得繁复、啰嗦。因为该句的话题就是"人均水资源拥有量"，可以是宁波的，也可以是全国或全省的。相信汉语母语者读到此句，都不会无故地联想到水资源总量。

另外，我们还想借此讨论一类常见的语病——关联词的辖域（即管辖范围）不当。例（11）—（14）都存在这一问题。但当考虑到句子的"话题"及其位置，其中很大一部分都可以简单规避。

例（11），"国力牌名袜"是整个句子的话题，"不仅"和"而且"后的内容都应在它的管辖范围之内；例（12），"老师"不是整个句子的话题，仅仅是"既"管辖范围内"有老师教的方法问题"这一小句的话题或主语，因此不能凌驾在"既……也……"之上。例（13）（14）同理。

（11）正是由于这个观点的改变，<u>不仅</u>"国力牌名袜"在上海市场一鸣惊人，<u>而且</u>影响了上海人对袜品的消费观念，推动了上海袜品行业的革命。[例自《金版 AB 认证·高二语文（下）》]

（12）傅雷先生谈到自己十三岁开始学习法文的经历时说，老师既有教的方法问题，也有自己念得不用功的原因，因此成绩很糟，十分之九已忘了。（例自《消灭错别字与病句》）

（13）许多相声迷十分推崇郭德纲，因为不仅他基本功扎实，而且有一颗甘愿为底层百姓表演的热心。（例自《学生实用病句修改大全》）

（14）翻译作品日见其多，一方面这些作品提高了中国学术文化的素养，另一方面也促进了中国书面语言的发展。（例自《高中语文多功能学习指导大全》）

主干成分齐全,却觉得话没说完?

有读者来信介绍,他注意到一本语病评改书将例(1)视作病句。

(1) 我们八个人都登上天安门。(例自《语病汇解800例》)

此书的"诊断"是"状语残缺":"登上天安门"原是一件令人兴奋的事,不可能毫无思想感情,没有说明这一点,是状语残缺。提出的"治疗"方法是增补"高兴地"或"兴奋地"。读者的疑问在于:此句真的存在状语残缺的问题吗?"高兴地"或"兴奋地"这类状语加与不加,究竟是语言问题还是文学问题?但若不加状语,句子读来确实有些怪异,问题到底出在哪里?

我们认同读者的语感,同样认为这里添加状语与否,并不属于语言问题。但更重要的是,例(1)本身在语法上也确有残缺,只不过缺少的不是状语,而是"完句成分"(这是胡明扬先生首先提出的术语,可参看《流水句初探》)。

什么是"完句成分"?简单来说,就是让句子"成句"的特定成分。语法系统中有着大小不同的单位。大的语法单位是由小单位按照一定的规则组合起来的。一般认为,句子是最大的语法单位,同时也是进入交际领域的最小的使用单位。语言是人类最重要的交际工具,而句子是最基本的交际单位。完句成分所关注的正是词或词组这些小单位与句子这个最大单位的界线:哪些成分是句子有而词或词组没有的,或者说,哪些成分是词或词组成为句子从而进入交际和沟通领域的"通行证"。

我们知道,语调是一种重要的手段。有了语调,哪怕短短的一个词也可以获得句子的身份,如例(2)就是由两个"独词句"(由一个词加上语调构成的句子)组成的对话。日常生活中,这样的独词句数不胜数。

(2) ——谁? ——我。

研究者们也发现,在不依赖语境的情况下(在一问一答或特殊语境中,完句条件可能会放宽,这也是汉语的重要特征之一),某些主谓结构看似"五脏俱全",但因缺少特定成分,即使带上语调,也无法获得句子的身份而进入"流通"领域(可参看贺阳《汉语完句成分试探》)。母语者会觉得这些句子怪异,有一种"言而未尽"的感觉。上文例(1)就是一个典型例子,类似的例子可见例(3)(例亦自贺文)。

(3) 老王笑 小红来 枫叶红

若请汉语母语者将上述例(1)(3)补充完整,相信多数人的第一感觉都是增加语气词"了",如例(4)所示。

(4) 我们八个人都登上天安门了。 老王笑了。

小红来了。 枫叶红了。

各句末语气词都有一定的完句效果。有趣的是,对不同方言区的人来说,语气词的完句效果还有所不同:南方方言的语气词相对较为发达,除了数量更多,也表现在完句作用更强。通俗地说,就是在很多情况下,语气词不仅是"锦上添花"地用于表达特定的语气,还是词或词组成为句子的必要成分,没有语气词就不能成句。我们有一个有趣的例子作为佐证。曹志耘先生曾通过统计和分析口述实录文学《北京人》中的十篇话语材料,对语气词运用的性别差异进行探讨,基本结论是女性比男性更善于运用语气词来表达丰富、细腻的语气和感情。尤其在疑问句、祈使句中,女性使用语气词的频率大大高于男性(《语气词运用的性别差异》)。然而,这样的研究若要在南方方言区开展,恐怕就不是这么容易了。如上所述,南方方言中的多数语气词,在表达语气的同时,更是必要的完句成分,凡母语者都会使用而不分男女。

相关研究发现,汉语中,语气、时体、数量、情态、趋向、程度、方所、否定、指代、关联、范围、强调、比较等语法范畴都可能与完句功能相关。其中,语气、时体、数量、情态是最为公认的四种(可参看朱庆祥《语体视角下的现代汉语小句依存性研究》的梳理)。我们使用这四个范畴的表达手段对例(1)进行完句"改造",如例(5)所示。

(5) a. 我们八个人都登上天安门吧!　　　[语气]

b. 我们八个人都登上了天安门。　　　　[时体]

c. 我们八个人都数次登上天安门。　　　[数量]

d. 我们八个人都可以登上天安门。　　　[情态]

成句必须要有这些成分,也与句子作为交际单位的身份有关。在交际中,人们总以旧信息为起点,以表达新信息为目标。这就是说,完全不表达新信息的"句子"是难以被接受的,至少接受度很低。句子涉及的范畴越多,信息量就越大,包含新信息的可能性就越大(可参看孔令达《影响汉语句子自足的语言形式》等),成为句子而进入交际领域的可能性也就越大。贺阳先生进一步将这一功能称为"增加句子的表述性",使句子的语义信息可以与现实情景发生更多联系。

仍以例(1)来说,"我们八个人都登上天安门"的信息量是相对有限的。若如例(5)所示,加上表示祈使语气的"吧",表示此事尚非现实,也表达了言者的提议;加上表示"动作完成"的"了",表示事件已经完结,并将这一事态与当下的现实世界关联起来;加上表示数量的"数次",补充了"我们"过去的经验;加上表示能力的"可以",补充说明了"我们"的能力。本篇开头所引语病评改书提供的方案——加上"兴奋地"或"高兴地"等状语,实际上也是补充了与"情状"有关的信息。上述增补成分的作用都是增加句子的信息量,使句子具备更大的交际价值。

语法答疑

叁　扩展搭配

邵敬敏先生在《汉语语法趣说》中提到了几种"新生"语言现象，实际上都与"扩展搭配"有关，包括：程度副词修饰名词、动宾式动词（多是不及物的）再带宾语、性质形容词带宾语、程度副词修饰状态形容词等。这些搭配都是非常规的，突破了原有的规则，是语言表现力和生命力的体现。然而，在不少语病评改书中，其中一些"扩展搭配"仍被判为"病句"。尽管具体"成因"和类型归属各不相同，但这些搭配在今天都是"合法"的。

本章将详细介绍几类扩展搭配的具体案例，并对词类活用、词的兼类与词类误用这组相关的现象再做讨论。

此外，随着社会生活的发展，除了词类句法功能的扩展，不少新兴的缩略表达也应运而生。这些缩略表达同样能够体现汉语的特征，反映人们求新求异的心理，显示人们对更高表达效率的追求。本章对此也有所涉及。

"很青春"的"青春"还是名词吗?

语病评改书中常见到这样一类"病例",如例(1)(2)(例自《病句例话》)。

(1)龙湖公园建成后,将把珍珠城装饰得更青春、更美丽。

(2)卓别林在《摩登时代》这部影片里扮演了一个很戏剧性的人物。

这一搭配是程度副词修饰名词。之所以常被视作语病,是因为典型名词不能受程度副词修饰。名词的基本功能是指称对象或实体,比如"桌子"或"猫",其内部没有任何"程度"变化。我们不会认为"桌面"的"桌子属性"更强,"桌脚"的"桌子属性"更弱;也不会说,"猫头"的"猫属性"更强,"猫尾巴"的"猫属性"更弱(当然,在认知科学的理论中,"桌面"和"桌脚"、"猫头"和"猫尾巴"确实存在显著程度的差异,但与我们现在讨论的问题无关)。

其实,在当代汉语中,"程度副词+名词"这类结构已经相当多见,我们一般不会觉得例(1)(2)有语病。

最早关注到这类搭配的应是张静先生发表于1961年的《论汉语副词的范围》,文中所举的不少例子想必很多人都已习以为常,如例(3)所示。

(3)最上方 偶然现象 必然结果 永久计划 太娇气 很傲气

次年,邢福义先生在《关于副词修饰名词》中对这类现象再次进行了分析,将例(3)中除"最上方"以外的其他例子都排除在真正的"副词+名词"组合之外。而哪怕是"最上方"这唯一被接受的例子,邢先生也指出,"上方"属于特殊的名词——方位词,"程度副词+方位词"是容易被接受的,尤其当副词是"最"的时候。总的来看,邢先生并不认为这些表达在当时已经成为常态。文中,邢先生也举出了在当时尚不被认可的一些例子,如例(4)所示。

(4) a. 蒸谷米是<u>最营养</u><u>最经济</u>的食粮。

b. 党员燕和新工作<u>很模范</u>。

c. *第一次月考成绩不好,他<u>很情绪</u>。

d. *听说星期六晚上可以看电影,大家<u>非常兴趣</u>。

其中,c—d 两例的用法直到今天仍不可说,而 a—b 现在确已十分常见,还有许多同类例子,如"最底层、最前沿、最根本、最本质、最基础、很艺术、非常美味"等。例(5)—(11)是相应的实际用例。其中,"非常美味"的权威用例较少,但在网络平台、口语实录中则非常多见。

(5) 他们生活在中国农村<u>最底层</u>,收入微薄,却顽强支撑起近半个世纪以来中国乡村基础教育的大厦。(《人民日报》2010 年)

(6) 基层是改革发展的主战场、保持稳定的第一线、服务群众的<u>最前沿</u>,也是培养锻炼干部的主阵地。(《人民日报》2010 年)

(7) 找出最佳潜能优势,是帮助孩子提高自信的<u>最根本</u>方法。(《人民日报》2011 年)

(8) 如今人们谈论的原生态文化多是千百年流传下来的、反映当地人民劳作生活以及他们与大自然相处方法的文化艺术,是原汁原味的文化中最古朴、<u>最本质</u>的元素。(《人民日报》2011 年)

（9）可惜，后来逐渐地淡忘了这个最基础的事实，以致无限度地自我膨胀，声威所及，生态环境遭受到惨重的破坏，制造出重重叠叠的灾难。（《人民日报》2003年）

（10）廉租房不一定是廉价、粗糙的代表，而是可以很艺术、很有技术含量的。（《人民日报》2010年）

（11）"饺仞糍"是南雄老有名气的老牌小吃了。不仅经典，而且非常美味。（CCL\2010s\201x\网络语料\微信公众号\Wechat_093.txt）

到1990年代，这一现象仍然持续活跃，不断"增殖"。汉语学界开始广泛地对这一用法展开研究。邢福义先生也根据语言发展的实际，重新对这一结构进行了考察。

一些学者，如胡明扬先生认为，"很、太、好"等副词使名词临时性地获得了形容词的功能。这种观点的基础是对副词句法功能的强调（可参看《"很激情""很青春"等》）。我们知道，现代汉语副词的基本句法功能之一是充当状语，修饰中心语。在副词充当修饰语的"状中"结构中，中心语一般由形容词充当（也有由其他词类充当的情况）。

后来，更多学者主张应从名词的语义条件入手。例如，张谊生等先生认为，可以进入"程度副词+名词"这一结构的名词必定具有或者至少能够临时地产生出"量度"意味，这才可与这些表示程度的副词相搭配（可参看《名词的语义基础及功能转化与副词修饰名词》）。施春宏先生明确提出，这种搭配之所以能够成立，主要是因为名词具有描述性的语义特征，即带有属性特征（可参看《名词的描述性语义特征与副名组合的可能性》）。

这些名词不再限于指称实体，而是抽象出其典型所指对象的语义特征，并将其作为名词自身的属性特征。而"属性"是有程度之别的。汉语中，典型的性质形容词表示属性，"具有度量义"。但性质形容词并不表明其属性的具体程度，因此可以再受不同的程度副词修饰，进而体现不同的程度义，如"有点红""很红""非常红"等。而说这些名词具有了"量度"义，同样指它们有了潜在的程度区别，自然能够受到程度副词的修饰了。

"帮忙你""生气我"之类

对外汉语教学一般认为"*我要帮忙他"这类"动宾式+宾语"结构不可说,应表达为"我要帮助他",主要理由是"帮助"无法离合,而"帮忙"允许离合(可参看《对外汉语教学语法释疑201例》)。离合词的动宾关系不够紧密,动词已有支配对象,通常整个词不再带宾语(可参看《对外汉语教学实用语法(修订本)》)。

(1) a. *飞机着陆了北京国际机场。 b. 飞机在北京国际机场着陆了。

但例(1)a似乎常见于日常表达,加上"*"显得有些绝对。

此外,邢公畹先生在《一种似乎要流行开来的可疑句式——动宾式动词+宾语》中所举的"不好"的句子,如今似乎也非常自然,常用程度甚至已经超过曾被认为更"正统"的介词结构,见例(2)—例(6)a句和b句的对比(例自邢文,其中a组是"不好"的句子,b组是"正统"的表达)。

(2) a. 长沙出土数万吴简。 b. 数万吴简在长沙出土。

(3) a. 津版图书亮相国际书展。 b. 津版图书在国际书展上亮相。

(4) a. 中式快餐挑战麦当劳。 b. 中式快餐向麦当劳挑战。

(5) a. 我国地震预报继续领先世界。 b. 我国地震预报继续在世界上领先。

(6) a. 法一肺癌患者<u>起诉</u>烟草公司。 b. 法一肺癌患者<u>对</u>烟草公司提起诉讼。

此外，我们还在病句评改书上找到了例(7)(8)这样被判为病句的例子，病因皆为"不及物动词误用为及物动词而带宾语"或"动宾式合成动词带宾语"。但在今天看来，这些句子事实上都是可说的。

(7) 新中国成立前我们村有二百户人家，<u>逃荒</u>了一百五十户。(例自《语病类析》)

(8) 昨天中午，我爸爸<u>启程</u>北京。(例自《语病汇析》)

邢先生文中也有例(9)所示的对比用例，当时邢先生认为 b 句更好，而如今两种表达都可说了。只是现在看来，两个句子在信息结构上有不同。具体来说，a 句以"辽宁"为话题，"出台地名管理条例"是关于辽宁的新信息；b 句以"辽宁地名管理条例"为话题，或可认为其以"辽宁"为主话题，以"地名管理条例"为次话题，"出台"是关于地名管理条例的新动态。

(9) a. 辽宁<u>出台</u>地名管理条例。 b. 辽宁地名管理条例<u>出台</u>。

总的来看，这显示 20 多年间"动宾式动词+宾语"的接受度、常用度发生了很大变化。

对这一结构，学者们的认识和态度也有不同。邢公畹先生认为"帮忙他、请安老太太"等表达不可接受，王力先生的观点则是其正趋向于变成"化合语"(《中国现代语法》)，并非不可接受。刘正光等学者从非范畴化角度讨论，指出动宾式的词汇化程度、非范畴化程度均会造成"动宾式+宾语"接受程度的差异，如"问鼎、抢滩"这样高度词汇化的动宾式已获得"正常及物动词的地位"，例(2)—(6)、(9)a 句，以及例(7)(8)中画线的动词亦是如此，类似例子还有例(10)(例自刘正光等《语言非范畴化:语言范畴化理论的重要组成部分》)。

(10) 北京有望<u>解禁</u>燃油宝　上海将<u>松绑</u>外企限制　小灵通<u>破冰</u>京城

网络上还有更新的用例,如例(11)。

(11) 网红张煜东公开<u>表白</u>张凯毅(西欧影视观点 2024 - 2 - 2)

张煜东 <u>求婚</u> 张凯毅 (https://www. 163. com/dy/article/J1HIS2H605567B64.html)

例(10)(11)多见于新闻标题,可归入书面语体。这自然也与书面语的要求有关:介词短语在标题中可能不够简练,难以和"动宾式+宾语"一样轻易构造书面语所期待的四字结构(当然也有不限于四字的)。新闻标题要求"简短有力",最好"一个字都不浪费",全句的每个部分都能提供新信息。这一高要求也是一般的介词短语无法满足的,只能通过"动宾式+宾语"实现。随着"动宾式+宾语"结构的长期使用,这种"全句焦点"用法似乎已经逐渐凝固下来,与介词短语产生了明确的功能分工。

其实,除了非范畴化等动因,"动宾式+宾语"结构的发展还可能与汉语的特点有关。我们知道,语言中往往有若干种力量强大的格式,如汉语作为比较典型的"主动宾(SVO)"语序语言(汉语的基本语序是"我吃饭"而非"*我饭吃"),宾语这一句法成分的力量相当强大,各种非核心语义成分都可能占据宾语位置(可参考朱德熙先生《语法讲义》对宾语的讨论)。这一特点增加了动宾式带宾语的需求,也促进了部分动宾式复合词的形成。

另外,领属结构也是汉语中力量强大的结构,可表达领属义之外的多种语义。其中,领有者表示受事的情况有一部分可转换为双宾结构,如例(12)。

（12）　打他的主意⇌打他主意　　劳您的驾⇌劳您驾

其中又有部分可转换为"动宾式+宾语"，如例（13）。

（13）　帮我的忙⇌帮我忙⇌帮忙我

生他的气⇌生他气⇌生气他

初步观察发现，只有偏离典型领属义的领属结构才可能转换为"动宾式+宾语"，符合典型领属义的领属结构则较难，如"革他的命"中，"他的命"表达更为典型的领属义，因此难以转换为"*革命他"。这可能反映"强力结构"之间的竞争关系。

同时，这一转换也受制于"动宾式+宾语"中动宾式应为双音节的要求，如"打他的主意"不能转换为"*打主意他"。

"动宾式+宾语"常见于粤语区作者的作品，如例（14）（15），也见于老舍先生的作品，如例（16），因此不应单纯地视作病句、网络语言"失范"、方言式普通话或二语学习中的偏误现象。

（14）　要是你能帮忙他们救出轰天雷的师弟，黑旋风也一定感激你的。（［香港］梁羽生《风云雷电》）

（15）　纵令接见，也不敢多谈，至于帮忙他，更不敢了。（［马来西亚］吴柳斯《粤侨丛书：往事波澜》）

（16）　他绝对不肯运动任何人帮忙他作主任或校长。他的尽心教课是目的，不是为达到什么目的的手段。（老舍《四世同堂》）

当然也要看到，粤语很可能是比普通话更加典型的"主动宾（SVO）"语序语言（可参看刘丹青《粤语句法的类型学特点》）。"动宾式+宾语"可能反映汉语及方言的重要类型特征以及汉语的未来发展趋势。结合方言共性对这一现象进行观察，可能会有更深入的认识。

"熟练技术"必须改成"熟练掌握技术"才可说吗?

　　一些语法分析将例(1)视作"病例",病因是形容词"熟练"带了宾语"技术",即将形容词误用作动词。

　　(1) 这几个刚从技工学校毕业的青年很快就熟悉了车床的性能,熟练了操作的技术。(例自陈天福等《现代汉语》)

　　这一"诊断"基于教学语法中的下述规则:现代汉语中,典型的形容词不带宾语,通常带宾语的都是动词,而且是具有强及物性的动词。"及物性"指动词带宾语的特点,即动词是否能够带宾语以及带什么宾语。根据这一标准,可以大致将动词分为及物和不及物两类。及物动词后可以带一个表示动作承受者的名词(语义上属于受事),称为宾语。不及物动词不能带受事宾语,但有时可以带一些其他的名词性成分,一般也叫作宾语(参看《现代汉语八百词(增订本)》)。

　　但是,这不是说形容词一定不能带宾语,也不是说形容词带宾语的情况都属于词类误用,更不能简单地认为形容词带上宾语时就转换为动词了。已有研究显示,现代汉语中确实存在少数形容词带宾语的情况。需要注意的是,可带宾语的形容词都是性质形容词,状态形容词以及"非谓形容词"(即"区别词",可参看本书第一章《"袖珍公园"不贴切吗?》的介绍)都不能带宾语。

　　汉语形容词有性质形容词和状态形容词之分。一类能用"不"否定,能加"很"等副词表示程度,大多能直接作为定语修饰名词,如"好、远、安定、仔细"等,称为性质形容词。单音节形容词和一般的双音节形容词均属此类。另一类一般不能用"不"否定,在其前加程度副词时可能会受到一定的限制。而且,这一类的成员大都具有表示程度的构词形式,如"雪白、通红、黄灿灿、古里古怪"等,分别由形容词词根"白、红、黄、古怪"派生出来,派生的具体方式则因词根而异,称为状态形容词。总的来看,尽管这两类成分一般都能充当定语和谓语,都归为形容词,但二者无论在特点、形式还是功能上都有着较大差别(可参看张斌主编《现代汉语描写语法》)。

围绕"带宾语"这一主题,我们仅关注性质形容词的表现。

现代汉语中有一批可以直接带宾语的性质形容词,单音节或双音节都有。据李泉的统计结果,在所选取的 1230 个性质形容词中,170 个可以带宾语,占 13.82%。这 170 个词中,单音节的有 95 个,双音节的有 75 个(《现代汉语"形+宾"现象考察》)。例(2)的"高""红""硬"都是单音节性质形容词带宾语的例子(例自范晓《关于形容词带宾语问题》)。

(2) 高他一个头　红着脸　硬着心肠　大着胆子

尽管单音节性质形容词直接带宾语的情况不少,但句法上受到的限制较多,除例(2)中的后三个例子必须带"着"之外,"白了胡子"也不能说"﹡白胡子","慌了手脚"也不能说"﹡慌手脚"。若干不受限的,也是文言的遗留或具有强烈的书面色彩,又或者是口语中的固定用法,如例(3)。

(3) 烦人　烦心　健身　健胃　宽衣　强国　强兵　亲华

双音节性质形容词直接带宾语的情况更为常见,实际用例也更为丰富,基本可以按照语义分成两大类。

一类是传统的使动用法,即"使……怎么样"。这也可视作古汉语形容词的使动用法在现代汉语中的保留,如例(4)。另一类是"对待"用法,即"对……怎么样",如例(5)。

(4) 密切关系　端正态度　丰富内容　繁荣经济　充实内容
　　健康身体　健全组织　明确责任　坚定信念　坚实基础
　　突出重点　活跃气氛　纯洁队伍　方便生活　缓和矛盾
　　团结同学　光洁肌肤　壮大队伍　振奋精神　严肃纪律
　　稳定情绪　清醒头脑　清洁肌肤　辛苦大家　巩固成果
　　平静心情　和睦关系　平整场地

(5) 顺从父母　淡泊名利　专心业务　不满现实　专注当下

为方便阅读,我们将例(4)中使用频率相对较低的"平静心情""和睦关系""平整场地"的实际用例摘为例(6)—(8)。此二例都见于权威媒体。

(6) 走到杠铃跟前时,她却要转身背对观众一会,似乎要平静心情,或思考所需技术,然后转过身来再大叫一声,才开始举杠铃。(新华社 2004 年 8 月)

(7) 一般人以为茶道程序复杂,技法繁多,其实茶道注重的不是程序和技法,而是通过点茶、饮茶修炼身心,和睦关系,注重精神境界。(《人民日报》1993 年)

(8) 记者看到,从拆卸旧帐篷、重新平整场地、搭建棉帐篷到安装照明、取暖设备以及摆放床铺、灶具,不到两个小时就全部办妥了。(《人民日报》2013 年)

例(6)的"平静心情"与"思考技术"并列,例(7)的"和睦关系"与"修炼身心"并列,例(8)的"平整场地"与"搭建棉帐篷"等并列。而在汉语中,这些并列的结构,内部关系都应该是一致的。这也证明了"心情""关系""场地"确实是"平静""和睦""平整"的宾语。

进入 21 世纪,这类成分的队伍有更加壮大的趋势。例(9)就是我们在语法评改案例中收集来的。此例曾被视作病句,但今天看来似乎完全可说。

(9) 该乳制品公司按国家食品添加剂标准<u>严格生产工艺流程</u>,确保产品质量安全。(例自《语病类析》)

例(10)—(14)是我们在网络语料中发现的一些<u>使用频率相对较低</u>的实际用例。

(10) 有些工作人员文化水平低,主席就像老师批改作业一样,将错字、白字一一改过来,还<u>通顺语句、修正语法</u>,谁写的报告生动活泼他就批给大家传阅。(CCL\2010s\201x\网络语料\微信公众号\Wechat_213.txt)

(11) 能散发出淡淡清香,沁人心脾,可净化空气、祛病抗邪,培养人体正气,还具有<u>松弛精神</u>、稳定情绪的作用。(CCL\2010s\201x\网络语料\微信公众号\Wechat_194.txt)

(12) 经常练习擒敌拳可以<u>熟练动作要领</u>,锻炼身体的协调性和灵活性,增强攻防击打的能力。(CCL\2010s\201x\网络语料\微信公众号\Wechat_006.txt)

(13) 舒缓压力与焦虑,平和心境调整自律神经:使由自律神经所支配的内脏、血管、荷尔蒙的异常得到调整与治疗,并纠正不良姿势,<u>光洁肌肤</u>。(CCL\2010s\201x\网络语料\微信公众号\Wechat_022.txt)

(14) 总之,芦荟胶不但具有湿润、消炎、生肌、及促进创伤愈合的功效,而且还具有软化头发、<u>光滑肌肤</u>、去斑、除臭、护发养发、防止断发、治疗皮脂溢和痤疮等作用,为美容保健之佳品。(CCL\2010s\201x\网络语料\社区问答\baike_029.txt)

例(10)的"通顺语句"和"修正语法"并列,例(11)的"松弛精神"和"稳定情绪"并列,例(12)的"熟练动作要领"和"锻炼身体的协调性和灵活性"并列,例(13)中的"光洁肌肤"与"纠正不良姿势"并列,例(14)的"光滑肌肤"与"软化头发"并列,分别证明"语句"确实是"通顺"的宾语，"精神"确实是"松弛"的宾语，"动作要领"确实是"熟练"的宾语，"肌肤"确实是"光洁"以及"光滑"的宾语。

但目前来看，哪些形容词能够进入这一结构似乎还未有明确规律，只能列举，而无法预测。例如，"端正"有这一用法，"端庄"却没有，不能说"*端庄仪容"；"繁荣"有这一用法，"繁忙"却没有，不能说"*繁忙生活"；"充实"有这一用法，"充足"却没有，不能说"*充足营养"（非偏正结构的"充足的营养"）；"坚定"有这一用法，"坚强"却没有，不能说"*坚强内心"。网络时代，准入这一结构的成员似乎迎来了新一轮的"增殖"，但认可度尚未明确。即使有些新成员已经为人们广泛接受，但我们一时仍难以确定这些成员的共性。

词性是单一且固定的吗?

先介绍两个概念:"词类"和"词性"。简单来说,词类与一个语言中所有词的整体类型划分有关,如汉语的词类包括名词、动词、形容词、区别词、数词、量词等等;词性与一个语言中具体某个词的归属有关,如"白天"是名词性的,"跑"是动词性的,"短"是形容词性的,等等。综上,当我们说"白天"是名词时,涉及了上述两个描写的角度:"白天"属于"名词"这个类,性质上是名词性的。

本篇基于语法分析书中的几个常见概念进行讨论,包括:词类活用、兼类词、词类误用。这些概念都是基于词类的整体情况来说的。而对某个具体的词,则相应地涉及其词性问题。因此,我们所讨论的问题可以概括为"'词性'是单一且固定的吗"。不过,在日常的概念使用和问题讨论中,一般无需刻意区分"词性"和"词类"。

所谓词类活用,指出于修辞需要,为增强表达效果,在特定条件下临时把甲类词当做乙类词来用,使得甲类词临时获得乙类词的语法特点,也就是,本为甲词性的某个词临时地用作乙性词。其关键在于"临时性"和"表达需要",如果离开相应句子的特殊环境,便失去了这些用法。"意思"本是名词,在例(1)中活用作动词;"运气"本也是名词,在例(2)中也活用作动词,第一个"运气"带宾语,第二个"运气"直接充当谓语。

(1) 就连一向"皇帝女儿不愁嫁"的欧美名牌商品这时候

也不得不略略低下高傲的头,哪怕是一点点折扣,意思一下,也能吸引来众多顾客的驻足。(新华社 2001 年 12 月)

(2)"老栓,就是运气了你! 你运气,要不是我信息灵……"(鲁迅《药》)

所谓兼类词或词的兼类(王力先生在《中国现代语法》中称为"词的分隶"),指一些词经常具备两类或两类以上的语法功能,简单来说,就是一个词同属两个或两个以上的词类,或者说,同时具有甲乙两种词性。关键在于这些词的"一归二"或"一归多"是非临时性的。若某个词是兼类词,则必然在具有一类词的全部或部分语法功能的同时,恒久地具有另一类词的全部或部分语法功能,而不仅仅是在语境支持和表达需求的催生下获得一些临时用法。胡裕树、朱德熙、黄伯荣、张静等先生较早地讨论过这一现象,并给出了一批经典例子,见例(3)—(6)(例自胡裕树等《现代汉语》、朱德熙《语法讲义》、黄伯荣等《现代汉语》、张静等《新编现代汉语》)。

(3) 代表我自己的观点～三位代表   锁门～锁和钥匙

(4) 声音很低～低着头走进来   把门关得死死的～死了一口猪

(5) 看到了光明～光明正大   有个矛盾～她的思想非常矛盾

(6) 他是学生～他是好   咱们比一比～他比我好

你又来了～又高又大   天气真好啊～啊,真漂亮

例(3)中,"代表""锁"都是动词和名词的兼类词,前一个"代表"和"锁"是动词,后一个"代表"和"锁"是名词;例(4)中,"低""死"都是形容词和动词的兼类词,前一个"低"和"死"是形容词,后一个"低"和"死"是动词;例(5)中,"光明""矛盾"都是名词和形容词的兼类词,前一个"光明"和"矛盾"是名词,后

一个"光明"和"矛盾"是形容词;例(6)的情况则相对更为少见,如两个"是"分别是动词(判断动词)和副词(强调副词),两个"比"分别是动词和介词,两个"又"分别是副词和连词,两个"啊"分别是句末的感叹语气词和单独成句的叹词。

这里需要请读者们注意的是,一些读音和用于记录的字形都相同但意义毫无联系的同音词不属于兼类词,而是不同的词,如例(7)的"把""白"等。

(7) 把门(动词)~把门开开(介词)~一把刀(量词)

白头发(形容词)~白费劲(副词)

年代稍早的(或新近出版但涉及早年语料的)语病评改书所列的一些"病例",在当时看来不算是兼类词,反而常被视作"词类误用"。所谓"词类误用",指混淆了特定词类的语法功能,而将甲类词当作乙类词使用。以下是一些实例(例自《语病类析》)。

(8) 青年男女们围着熊熊燃烧的篝火舞蹈起来了。

(9) 汽车行驶到半山腰,突然故障了。

(10) 勤劳智慧的古代劳动人民修筑了雄伟的万里长城。

(11) 他总觉得照顾体弱多病的父母是一件麻烦。

例(8)(9)的画线词被分析为"名词误用作动词",例(10)的画线词被分析为"名词误用作形容词",例(11)的画线词被分析为"形容词误用作名词"。

但是,"词类误用"的界定和分析并不那么简单。例(12)—(14)是不同年代的《人民日报》将"舞蹈"作为动词而非名词使用的例子。

(12) 你的手是怎样动作的? 一会儿像是在生活里似的,一会儿又舞蹈起来了。(《人民日报》1955年)

(13) 记者离开的时候,李绮又踩着那双轻灵的黑色舞鞋,

带着天真的孩子们*舞蹈*起来。(《人民日报》2002年)

（14）获胜者没有骄矜之色，独自在"土俵"中*舞蹈*起来，有板有眼。(《人民日报》2010年)

其实，"舞蹈"已是认可度较高的动名兼类词（可参看韩蕾《汉语事件名词与动词兼类分析》）。

例（15）—（18）是《人民日报》将"智慧"作为形容词而非名词使用的例子。尽管不少教材仍只将"智慧"划入名词，但这些实际用例提示我们其兼类的可能性。尤其是例（17）（18），更是使用程度副词"更"和否定副词"不"修饰"智慧"，在一定程度上体现"智慧"的形容词性，至少可反映其具有一定的"度量义"（可参看本书第三章《"很青春"的"青春"还是名词吗?》）。

（15）在20世纪结束的时候，两岸同胞以中华儿女勤劳*智慧*的双手，创造了繁荣发展。(《人民日报》2000年)

（16）勤劳、勇敢、聪明、*智慧*的中国人一定会解决好自己的事情。(《人民日报》2000年)

（17）上海馆以抽象造型的石库门为外观，以外墙、等候区和内场三大空间区域，分别诠释更魅力、更融合、*更智慧*的上海。(《人民日报》2010年)

（18）然而在《战国》中，主创者似乎刻意要将孙膑塑造成大智若愚的真英雄，结果却让孙膑看起来既*不够智慧*，又缺乏男子气概。(《人民日报》2011年)

"麻烦"本是形容词，但在实际运用中已经获得了名词的语法功能，能受数量结构修饰，同时能够充当动词"有"的宾语，如例（19）—（24）。其中，例（21）的"麻烦"和"风波"在联合结构中并列，例（24）的"麻烦"和"利益"在紧缩的选择复句中对举。汉语中，联合结构的组成部分、选择复句的"选项"，其内部结构应该是相同的（其中联合结构的这一要求更为严格）。这些表现都证明"麻烦"具有名词性。

（19）而且,如果补贴跟着种田的人走,还有<u>一个麻烦</u>:一些人今年在外面打工,明年又要回来种田,过段时间又要出去,随意性很大,补贴怎么搞?(《人民日报》2010年)

（20）激化矛盾只会制造大麻烦,甚至使<u>一个麻烦</u>演变成接连不断的麻烦。(《人民日报》2012年)

（21）虽然一夜成名带给他无尽荣耀,但随后也遭遇了<u>一个又一个麻烦</u>和风波。(《人民日报》2013年)

（22）但是老人排队买菜也<u>有麻烦</u>。(《人民日报》2011年)

（23）老百姓健身兴致很高,可是,人多也<u>有麻烦</u>,你争我吵的,弄不好会出乱子。(《人民日报》2011年)

（24）长期以来,体育只是体育部门的事情,运动场馆从建设、使用到管理,现在还要加上经营,无论<u>有麻烦</u>还是有利益,都只归体育行政部门操心。(《人民日报》2017年)

与"麻烦"情况类似的还有"危险、安全、热情、自信"等。例(25)—(32)分别是其受数量结构修饰和充当动词"有"或"没有"的宾语的情况。

（25）放过一个喝酒开车的人,就意味着给群众生命安全增加了<u>一分危险</u>,因此决不能允许这样的情况出现。(《人民日报》2011年)

（26）哪里<u>有危险</u>,他就出现在哪里。(《人民日报》2011年)

（27）巡逻车辆穿梭往来,直升机在空中盘旋,虽然气氛略显紧张,但感受到的是<u>一份安全</u>。(《人民日报》2010年)

（28）安全是食品消费的最低要求,<u>没有安全</u>,色香味、营养都无从谈起。(《人民日报》2010年)

（29）再看有些青年们,无文艺修养,无人指导,而怀着<u>一团热情</u>。(老舍《老牛破车》)

（30）只要节本增效、省时省力，农民就一定有热情。（《人民日报》2010 年）

（31）也许是出自职务带来的权力的一种自信，也许是不经意中流露出的一种封建特权意识的残余。（《人民日报》1982 年）

（32）一个真正的强者并不是只能做个可歌可泣的社会"牺牲品"，而应该成为一个有理念、有自信，更有一套结合自身特点的最科学、最巧妙又最现实可行的办法的创造者。（《人民日报》1980 年）

至于"故障"，我们暂未找到其作动词的权威用例，但进入 21 世纪后，相关用法在各社交媒体上出现得较为频繁。

（33）但是电梯因为火灾被影响导致电梯却停在 33 楼起火层，导致两名警卫卡在电梯内死亡，事后发现电梯内用的供气风扇早在火灾发生初期就故障了。（CCL\2010s\201x\网络语料\中文维基\Wiki_030.txt）

（34）广深和谐号今天居然晚点，坐了这么多次，这是头一回遇到，难道信号灯又故障了？（CCL\2010s\201x\网络语料\微博\NLPIR_001.txt）

（35）老天都给我们成功的条件，端看咱们怎么用。两只耳朵，一双眼睛，两个鼻孔，一双手脚。一只耳朵，眼睛，鼻孔故障了，还有备用的。（CCL\2010s\201x\网络语料\微博\weibo_002.txt）

（36）大北京的上班命脉又故障了……（CCL\2010s\201x\网络语料\微博\weibo_022.txt）

与"故障"类似的还有"技巧"。例（37）中的"技巧"被分析为名词误用作形容词。

（37）她挥舞着球杆闪转腾挪，终于技巧地打进了一球。（例自《语病类析》）

自然,此处的最佳选择是由形容词"巧妙"或动宾词组"有技巧"充当状语修饰动词,后者更加贴近句子的原意,如例(38)(39)所示。

(38) 主持人应当真诚、亲切而<u>有技巧</u>地引导当事人吐露心声。(《人民日报》2010年)

(39) 通过<u>有技巧</u>地推广节能措施,低收入家庭很快就能减少在电、暖等能源上的花费。(《人民日报》2016年)

但我们也在网络语料中检索到"技巧"直接用作状语修饰动词中心语的例子,见例(40)—(42)。

(40) 如果你是对的,就要试着温和地、<u>技巧</u>地让对方同意你。(CCL\2010s\201x\网络语料\微信公众号\Wechat_214.txt)

(41) 推销员制造神秘气氛,引起对方的好奇,然后,在解答疑问时,很<u>技巧</u>地把产品介绍给顾客。(CCL\2010s\201x\网络语料\社区问答\baike_024.txt)

(42) 在法院审判环节,也要<u>技巧</u>地处理赔偿问题,对方在车主无法满足其大的欲望的情况下,一般会降低条件的。(CCL\2010s\201x\网络语料\社区问答\baike_047.txt)

当然,之所以说"技巧"只是"用作状语",是因为我们也不认为"技巧"已成为一个形容词。假如"技巧"已具备形容词的用法和功能,按形容词内部的小类界定标准,应归为性质形容词而非状态形容词,因为其语义并不凸显"程度"义。但是,性质形容词可以受"不"的修饰,而我们却并未找到任何" *不技巧"的实际用例,哪怕仅用语感检验也觉得别扭。

此外,例(43)—(47)中,"定义""规律""市侩""责任""直觉"均不能算作词类误用(例自《文章病例评改集全》)。语料库中也可找到许多同类用法的实例。

(43) 如何<u>定义</u>所培养学生的质量?是看成绩的好坏还是

看解决问题的能力?

（44）他生活规律,每天早晨游泳,接着从事剧本创作,安排拍片计划,或写小说。

（45）伊文斯夫人努努嘴,很精明和市侩地说:"你们向中国国际保险公司做了保险吗?"

（46）用法律来衡量长清事件中少数人的为非作歹,对他们的主要责任者、煽动者和指挥者,必须依法追究其法律责任。

（47）他直觉家中有贼。

张谊生先生曾经指出,由于生活节奏的加快与语言传播方式的转变,词类功能的转变可以在短短几十年甚至十几年中就基本完成。广大语法研究者与语言教学工作者在处理与教学汉语词类时需要密切注意,甚至随之改变观念。

也有观点认为,一些词固定而非临时的功能改变属于造词现象:通过增加词的某项语法功能适应表达需要。随着用法的增加,语言中出现了一个同形的新词。这一过程的初期通常是活用,之后进入兼类,发展到后来就会转向同形,出现新词。这种现象也被称为"转类造词"(可参看张斌主编《现代汉语描写语法》)。

但同样需要注意的是,生活中真正的词类误用仍是很常见的,如例（48）—（51）。这是每一位语言学习者都需注意避免的。

（48）一次偶尔的机会两个人相识了。

（49）亲戚这层关系,把人们千丝万缕地纠葛在一起。

（50）班长让大伙把教室里的课桌整齐一下。

（51）17世纪法国的古典文学结晶了贵族语言风格。

此外还要尤其注意口语的"坏习惯"对语法系统产生的负面影响。例如,当代口语中有一种"滥用"数量结构"一个"的趋势。例(52)是我们在特定场合记录并转写的实际用例。

(52) 进行(这样的)一个研讨　加以(这样的)一个评价

予以(这样的)一个鼓励　给以(这样的)一个肯定

实现(这样的)一个目标　达到(这样的)一个效果

造成(这样的)一个落差　形成(这样的)一个刺激

保证(这样的)一个督促　做出(这样的)一个贡献

语料库中也能找到对话实录、社交平台发言等的实际用例。这些例子也都具有明显的口语色彩,如例(53)—(55)。

(53) 诶,猫啊,老虎啊,狗啊,等等。《内经》它是这样对生物进行这样的一个划分。(CCL\2000s\2009\口语\对话\2009梁冬_刘力红　梁冬对话刘力红第二讲.txt)

(54) 很多家长都试图给孩子进行这样的一种洗脑……(CCL\2010s\201x\网络语料\微博\weibo_033.txt)

(55) 你可以进行这样一个管理,比如说在 12 个月之前来进行一个今后企业现金流量的分析和预测、管理。(CCL\2010s\201x\网络语料\社区问答\baike_019.txt)

至少从目前来看,"(这样的)一个"仍属冗余成分,是即时性的口语中为多争取思考时间、填充话语空白而强行加入的无意义成分。但这种特定需求使得大量无"数量"义的、本不应与个体量词搭配的名词进入到这一结构中。而且,这种无意义的填充成分在口语中的扩张似乎越来越严重,但凡意义相对抽象一些的动宾结构好像都难逃一劫。尽管真实口语能为语言发展提供灵感与素材,如话语标记的发展基本都与其在口语中的高频使用或超常搭配有关,但真实口语中也有不少失误,先天不足、后天也难以为继的新生现象是应舍弃的。

修饰名词的必须是形容词吗？

"搭配不当"是一类常见的语病，其内部又有一些具体的小类，如主谓搭配不当、述宾（动宾）搭配不当、修饰语和中心语搭配不当等。这里所说的"主谓""述宾""修饰语""中心语"指的都是句子中不同的组合位置，也称为"句法位置"或"句子成分"。主语、谓语、述语（谓语的核心，一般由动词充当，所以也把"述宾"结构称为"动宾"结构）、宾语、定语（名词性中心语的修饰语）、状语（动词性中心语的修饰语）、中心语、补语等，都是句法位置或句子成分。

不同句法位置上能够出现的词并不相同。例如，我们可以说"他吃饭"，却不能说"*洗种子漂亮"，因为后者各个句法位置上所出现的词都不符合要求。同一位置上能够出现的词可以形成一个聚合，这种聚合就是词类。这就是说，划分词类所依据的是词的句法功能，而不是意义。

由此来看，词类和句子成分有着密切的关系，因为不同的句子成分给不同的词类提供组合位置。但需要明确的是，词类和句子成分不是一回事。许多现代汉语教材都会强调这一点，提醒学习者：汉语的词类和句子成分不存在一一对应关系。

现代汉语中，名词主要充当主语或宾语，但也可以充当定语、谓语甚至状语，如例（1）。

（1）木头桌子　装修工人　中国历史　橘子汽水　［名词作定语］

我<u>浙江</u>人　明天<u>中秋</u>　今天<u>星期五</u>　明天<u>晴天</u>　[名词作谓语]

<u>电话</u>联系　<u>热水</u>洗澡　<u>直线</u>上升　<u>本能</u>地大叫　[名词作状语]

动词主要充当谓语,但也可以充当定语,甚至充当主宾语、状语,如例(2)。

(2) <u>游泳</u>教练　<u>报名</u>方式　<u>申请</u>报告　<u>节约</u>标兵　[动词作定语]

<u>游泳</u>很好　他喜欢<u>走</u>　我们追求<u>进步</u>　[动词作主宾语]

<u>联合</u>开发　<u>公开</u>宣布　<u>同情</u>地说　<u>微笑</u>着说　[动词作状语]

形容词主要充当定语,但也可以充当状语或主宾语,如例(3)。

(3) <u>光荣</u>牺牲　<u>严格</u>遵守　<u>密切</u>关注　<u>不幸</u>遇难　[形容词作状语]

<u>美</u>是现代人的追求　追求<u>美好</u>　缺乏<u>诚信</u>　[形容词作主宾语]

形容词还可以直接充当谓语,但总是有条件的,例(4)所示的是形容词充当谓语的几种主要情况(例自李临定《现代汉语句型》)。

(4) 院子<u>干净利落</u>。　[谓语是并列形式]

草<u>深</u>虫子<u>密</u>,林<u>大</u>鸟儿<u>多</u>。　[多个句子并列中的谓语]

您<u>圣明</u>,我<u>糊涂</u>。　[前后对举]

我不要小子,小子<u>淘气</u>。　[有先行句]

你的嘴<u>笨</u>,说话没有分寸。　[有后续句]

——你们谁大?　——我<u>大</u>。　[问答句]

头发<u>乱蓬蓬</u>的。　[形容词是生动形式]

只有副词,一般只能充当状语,功能比较单一、明确。

但在不少人的印象中,词类和句子成分之间存在一一对应的关系,即,认为名词就是主宾语、动词就是谓语、形容词就是定语。甚至不少中文系的同学在学习中也常有这种模糊的印象。这可能是受到外语学习的影响。英语中,这种对应关系是比较齐整的:一般来说,主语、宾语位置上大多是名词,谓语位置上大多是动词,定语、表语位置上大多是形容词,状语位置上大多是副词。对应不整齐的情况虽有发生,但条件比较严格。例如,名词作状语主要用于固定短语,如 day-dream(做白日梦)等。只有少数时间名词可以在动词后充当状语,如 He works days and goes to school nights(他白天工作,晚上念书)。

朱德熙先生曾指出,划分词类这件事似乎有一定的相对性。千万不要天真地以为世界上任何一种语言都一定是天造地设的八大词类,一个也不多,一个也不少;也不要以为一个词属于哪一个词类是绝对的,毫无活动余地的。(《语法答问》)

就朱先生指出的第一点来看,哪怕仅针对汉语的词类划分问题,不同教材、不同学者的处理也有所不同。就第二点来看,词类划分本就基于家族象似性:越是某类词的典型成员,所体现或拥有的特征就越多;越是某类词的边缘成员,所体现或拥有的特征就越少。既然词类是基于不同句法功能划分的,那我们就可以在实际操作过程中根据某一个词的具体表现为其"评分"。以某类词的句法功能为采分点,某个词的最终得分越高,越可视作这类词的核心成员;得分越低,越可视作这类词的边缘成员。

本章前面几篇介绍的几类现象,其实都是特定词类中边缘成员的表现,或核心成员逐渐边缘化的表现。当边缘化过程发生质变时,兼类或转类才会发生。例如,不少学者都已注意到,部分名词可以直接带数量补语,如"百度一下""花痴一把",这是因为这类名词所指的对象具有动态性或事件性(可参看邵敬敏《汉语语法趣说》等);部分名词和名词还有新组合,如"山水贵州""活力亚洲"等。虽然都是名词与名词的组合,但这些新搭配的内部关系不同于"木头桌子""装修工人"等传统的"名名"组合。传统组合中,前一名词对后一名词的修饰实际上是一种"限定"关系,其作用是缩小名词词组的外延,增加名词词组的内涵。随着外延的不断缩小,内涵的不断增加,后一名词所指的对象也就越来越明晰;新兴组合中,前一名词对后一名词的修饰实际上是一种"描述"关系,既不改变名词词组的外延,也不增加名词词组的内涵。这样一来,不管给名词中心语增加多少个修饰语,其所指对象都不会发生变化,只是能让人们对这一对象的性质特征有更全面的认识而已。所以,这类新兴组合一般只允许专有名词充当中心语,因为专有名词的外延和内涵一般不会因为定语的变化而变化。

总的来看,我们不能简单地认为某类词只能固定地和某类词搭配,其他的搭配类型都是"语病"。对句子成分和词类的关系的模糊认识也会加深这种误解。因为句子成分的搭配关系总是比较固定而有限的,人类语言中的基本结构类型无外乎主谓、述宾、偏正等,主语总与谓语搭配,述语总与宾语搭配,修饰语总与中心语搭配。在此基础上,若认为主宾语只能由名词充当,谓语只能由动词充当,偏正结构中的定语只能由形容词充当,则必然导致对词类的划分、不同词类之间的"搭配"关系都产生固化、刻板的见解。

一些语病评改书认为例(5)不合语法的理由是形容词"沉重"不能充当宾语,这样的说法或表述可能存在一定的误导性,容易使人认为形容词本身就不可以"充当宾语"。

(5) 医生简简单单的两句话,顿时使我心中产生一种无可名状的沉重。(例自《常用语法知识用法例释》)

如上文所说,形容词不仅可以充当定语,还可以充当主宾语和谓语,只是后者并非形容词的主要功能,有此用法的形容词数量也相对较少。但若认为例(5)的问题在于"形容词充当宾语"这一用法本身,则会进一步加深上述固化、刻板的印象。

同时,我们也找到了形容词"沉重"充当宾语的实际用例,其中不乏权威用例,选择一部分摘录为例(6)—(9)。

(6) 这时我更清楚我的劳作对这个家的意义,幻想和飘飞的感觉便<u>附着了一些沉重</u>。(《人民日报》1995 年)

(7) 想到这里,我的心里竟多少<u>产生了一些沉重</u>。(《人民日报》1997 年)

(8) 古丽娅决定再回答记者几个问题,接下来的采访让记者<u>感到了一丝沉重</u>。(《人民日报》2002 年)

(9) 对于这个新身份,她有自己的理解,也<u>感到一丝沉重</u>。(《人民日报》2014 年)

"新冠""密接""做核酸"
——从疫情期间的省略表达看汉语的特征

新冠疫情期间，一些语言使用上的问题以及新表达、新用法等相继出现。专家学者们已对其中一部分进行了讨论，如"冠"究竟应读作"guān"还是"guàn"，"佩戴口罩"是否可说（汪维辉教授《口罩可以"佩戴"吗？》），以及疫情防控措施中使用的"名物化"表达（李志毅、郭可《浅析城市公共卫生突发事件中的语言实践》）等等。

本篇则从常见的省略表达切入，探讨其反映的汉语特征。

第一，词的层面。准确地说，词层面的省略现象应称为缩略，如"新型冠状病毒"缩略为"新冠"，"密切接触者"缩略为"密接"。此类缩略现象多与汉语双音节词发达的特征相关。汉语中，大量的词组缩略为双音节词。四音节形式的缩略结果多是双音节词，四音节以上形式有缩略为双音节词的，也有视实际需要缩略为大于双音节的成分的。如"次密切接触者"缩略为"次密接"，就是在缩略词"密接"上加上汉语中较为发达的类词缀"次"得来的。值得注意的是，"次密接"也有缩略为"次密"的情况，如例（1）。

（1）"密接""次密"怎么分得清（《运城晚报》2021－08－12）

在医学领域，我们熟悉的双音节缩略词还有："先心"（先天性心脏病）、"风心"（风湿性心脏病）、"支扩"（支气管扩张症）、

"心梗"（急性心肌梗死）、"毛支"（毛细支气管炎）、"甲亢"（甲状腺功能亢进）、"卒中"（"脑卒中"）等，以及与"新冠"类似的"非典"（非典型肺炎）。此外，也有"百白破"（百日咳、白喉、破伤风疫苗）等三音节缩略词的情况。医学术语的缩略自然是应医疗过程中简洁表达的需要而生的，但在我国，即便医生之间的专业讨论也多使用双音节缩略形式而非英文缩略形式，自不必说医患之间、患者之间的沟通交流以及普通人群的科普学习了。汉语的双音节发达特征可见一斑。

第二，词以上的层面。如最为常见的"疫情以来""疫情期间"。根据《现代汉语词典》（第7版），"疫情"指疫病的发生和发展情况。按说，"情况"表达的是事态、状态，而不是动作、事件，一般没有明确的时间特征，既不能关联一个确定的时刻，也不能关联一个清晰的时段。但是，我们母语者却很少有人会认为"疫情以来、疫情期间"是搭配不当的语病，而能自然地解读为"（自）疫情发生以来"或"（在）疫情持续期间"，分别获得起始解读和持续解读。我们认为，"疫情"已经从一个普通名词转变为事件名词。

典型的事件名词表达包含若干子事件的复杂事件，如"战争、地震、事故"等。也有一些事件名词表达的是简单事件，如"行动、战斗"等，属于不典型的事件名词。不典型的事件名词往往事件性较弱而动作性较强，多是名词和动词的兼类成分。新冠疫情持续时间长，涉及社会生活、病例个案、政策法规等方方面面。作为普通名词的"疫情"早已无法容纳这些含义，它已经是典型的事件名词了。只是这一转变没有显性的形式标记，并不直观。事件名词多可以自由地与"以来、期间"等时间介词搭配，如"战争以来、战争期间"等，都是合法的表达。在人们心里，疫情防控本就是一场没有硝烟的战争。早在2020年1月24日，新华网时评《以非常之役迎战非常之疫》就提出了"战疫"概念。

又如"做核酸"和"做抗原"等。以"核酸检测"为例,它是检测人体内是否存在病毒核酸的检测方法,包括了标本采集、标本检验等一系列过程。但这些环节在我们普通大众认知中却不都是凸显的。以咽拭子标本采集为例,它几乎可简化为"张嘴""划一划"等几个简单动作,可以说只有这几个动作才是凸显的。至于检验目标所指的"核酸"究竟为何,检验过程如何,均不凸显。随着常态化核酸检测的开展,核酸检测更是成为了日常生活的一环。在语言形式上,"做核酸"比"进行核酸检测"和"检测核酸"更能反映人们的认知特点。

而从汉语的特征来看,这类现象与汉语的动宾结构发达有着密切的关系。汉语的动宾关系强势,在一系列相关的句法表现中,最典型的是许多非动词受事的成分可以出现在宾语位置,如"吃食堂""睡地板""打扫卫生""恢复健康"等,都是相当经典的例子。汉语中还有几类准宾语(这是丁声树、朱德熙等先生的处理方式,可参看《现代汉语语法讲话》《语法讲义》)。这类成分也常处理为补语:动量宾语(如"看一次、打一仗")、时量宾语(如"走了一天、等一会儿")、数量宾语(如"好一百倍、小了不少")。

我们既有发达的动宾结构,又对双音节词有偏好,像"进行核酸检测、进行抗原检测"等表达便常省略为"做核酸"和"做抗原"。可能有人会想到,既然我们对双音节词有偏好,为什么音节数为"2+2"的"*进行核酸、*进行抗原"不能说呢? 这主要是前后语体风格不和谐的缘故。"进行"多见于书面语体,而"做核酸"是相对口语化的表达。"做核酸、做抗原"既实现了语体风格的和谐,也符合动宾结构的韵律要求。汉语中,音节数为"2+2"的动宾结构可以省略为"1+2",而一般不省略为"2+1",如"撰写文章~写文章~*撰写文";音节数为"2+2"的偏正结构则可以省略为"2+1",而一般不省略为"1+2",如"皮鞋工厂～皮鞋厂～*鞋工厂"。总的来看,宾语的强势与双音节的发达互相成就,再得到语体色彩这一要素的支持,"做核酸"自然地成为母语者认可的合法表达。这一表达不仅见于人们的日常交流,也见于民生板块的新闻报道。当然,在正式的书面语体中,还是"进行核酸检测"等非缩略式的表达更为得体。

另外,"做核酸"不常省略为"做检测",主要是没能达到概念凸显的要求:"核酸"是这一复杂事件中最本质、最需要凸显的部分。若上下文语境已保证"核酸"这一信息得到明确,"做检测"也是可以说的。上述讨论也可以帮助我们解读疫情期间流传颇广的一则公益广告"社交有距春常在,核酸无恙岁月安"。这则广告由最凸显的概念"核酸"指开展核酸检测这一复杂事件,"核酸无恙"即核酸检测结果阴性,一切无恙。

可见,在语言的实际使用中,人们会根据具体语言规则的特点,灵活地将认知要素编码其中。首先,与法语、俄语等形态语言不同,汉语基本没有严格意义上的形态,编码复杂事件的名词、表达简单事件的名词、描述动作的动词等都没有相应的形式标记,彼此的转化通常是"悄悄"发生的;其次,汉语的动宾结构发达,同一结构形式可以容纳不同的概念或关系,汉语的灵活性或"意合"特征等都与此密切相关;最后,汉语中,语体风格和韵律等都是能对句法规则产生直接影响的重要因素,这也是汉语的重要特征。

总的来看,一些表面上的缩略、简省或超常搭配不一定是语病,反而是充分反映汉语特征的现象,并且能从我们已知的语法规则中找到合理的解释。

肆　"语病"辨正

第三章介绍了几种常被判为"语病"但实际上合法可说的"扩展搭配"或"超常搭配"现象。除此之外，我们平时也经常遇到"矫枉过正"的现象，这是说，将原本合法可说的句子误判为语病。这主要是因为采用了相对机械或孤立的眼光，或过于严格地要求某种语序，或过于狭窄地理解某些词义，或过于苛刻地避免某些"冗余"。本章将分析几个具体案例。

"予以""加以""进行"是完全"多余"的吗?

一些语病评改书认为例(1)的"予以"、例(2)的"进行"都是"多余"的,是"废话",完全可以删去。即,例(1)的画线部分可改为"打击报复",例(2)的画线部分可改为"畅游了长江三峡"。

(1) 有的则对提出批评意见的群众耿耿于怀,甚至<u>予以打击报复</u>、穿小鞋,使本来很正常的事变得不正常了。(《宜春日报》2011年1月26日第3版,引自《新闻语病汇析》)

(2) 记者应中国青年旅游服务公司和宜昌长江旅游公司的邀请,<u>在长江三峡进行了畅游</u>。(《两岸猿声今又啼》1986年8月23日新闻稿,引自《新闻语病汇析》)

但日常生活中,我们经常见到"予以""进行"等成分加在其他动词前的用法。如果真是完全多余,那么这些成分也早应该被淘汰了。可见,我们不能简单地下这样一个结论。

"进行、加以、予以、给以"等成分属于形式动词。形式动词具有动词的形式,但不像"走""跳"等实义动词能够表示动作的实在意义,在句子中也不能单独充当谓语,而必须引导有实在意义的动词出现,属于动词的一个特殊次类。如例(3)—(6)画线部分的实义动词都不能删去,不能单独用"进行、加以"等形式动词。

(3) 开井后,一百多度的高压热水从裂缝中猛冲出来。如果不立即<u>进行处理</u>,加热炉就会爆炸,新井就要停产。(《人民日

报》1970年）

（4）他的强烈的色彩来自法国印象派,但是他的画的特点是反映中国传统的线条,把中国陶瓷工匠们在白胎瓶用黑釉画的线条加以应用。（《人民日报》1980年）

（5）节约能源在国民经济调整中举足轻重,我们应当予以高度重视,当做一件大事来抓。（《人民日报》1981年）

（6）对初办或有困难的校办工厂,财政部门要酌情给予贷款,并在贷款期限、利息结算上,给以优待和便利。（《人民日报》1980年）

朱德熙先生较早地对形式动词这一特殊小类的特点及其语法功能进行描写（《"加以""进行"之类动词的用法》）。此后,学者们从不同方面展开了一系列研究。本篇根据已有成果,将形式动词的主要特征梳理如下。

第一,"进行、加以、予以、给以"的宾语一般是动词（偶见名词,但在语义上有限制,详见下文）,而且必须是双音节及以上的成分,不可以是单音节词,如例（7）中带"＊"的结构都不可以说。

（7）进行训练～＊进行练　加以改造～＊加以改
予以处罚～＊予以罚　给以帮助～＊给以帮

例（7）中的双音节动词恰好都有对应的单音节形式。而事实上,更多时候,充当形式动词宾语的动词是没有对应的单音节形式的,如常见的"引导、沟通、改革、探讨、讨论、干涉、打击、宣传、培训、慰问、保护、制约、落实、实施、巩固、扶持、观察、完善、部署、阐述、分析、推广、整治、控制、阻止、纠正、梳理、规范、整顿、合并、研究、补充、保证、禁止、处罚、查处、公布、肯定、答复"等等。这与形式动词的第二个特征有关。

第二,作为"进行、加以、予以、给以"宾语的动词描述的一般都不是简单动作,而是持续时间相对较长的复杂活动。有学者调查过形式动词的宾语,发现:语义上,大多表达政治、生产、文化教育、军事体育、社会活动等方面的内容。相对地,表示感知、思维等心理活动,或自然界及一般事物运动变化,或判断、愿望、趋向的宾语,一般不与形式动词搭配(可参看蔡文兰《"进行"带宾问题》等)。这即是说,形式动词一般与明显具有社会属性的成分搭配,而不与表示自然属性或纯粹与个人相关的成分搭配。基于这一特点,形式动词也可以搭配少数事件名词,如"战争"虽是名词,但具有明显的事件性,因此可以与形式动词"进行"搭配。

第三,作为"进行、加以、予以、给以"宾语的动词后一般不再另带宾语。如果一定要提及所涉及的对象,则应该使用介词"对、对于"等进行提前。如"朱德熙先生较早地对形式动词这一特殊小类的特点及其语法功能进行描写"就是一个例子。例(8)—(15)依次是"进行、加以、予以、给以"与介词"对、对于"搭配的实际用例。

(8) 这里刊登一组图片,帮助读者对过去的一年进行回顾。(《人民日报》1980 年)

(9) 司法机关将涉及律师的案件通知当地律师协会,律协对于律师的违法或违纪行为进行实事求是的调查并出具书面意见,然后再移送司法机关。(《人民日报》2000 年)

(10) 1999 年许多地方政府都出台了旅游管理条例,对旅行社的经营行为加以规范,同时加大对违规行为的处罚力度,使旅游纠纷减少。(《人民日报》2000 年)

(11) 对于这个问题,有必要加以剖析。(《人民日报》1980 年)

(12) 对这种不义之财,就是要予以没收。(《人民日报》1980 年)

（13）对于居委会的工作,检查组予以充分肯定。(《人民日报》2000年)

（14）对艰深的科学道理给以通俗而简洁的阐述,确实是一件很难做到的事,而作者的努力可谓难得。(《人民日报》2000年)

（15）要建立健全党内激励关怀帮扶机制,特别是对于老党员、生活困难党员,对于基层干部,更要给以关心和爱护。(《人民日报》2008年)

第四,从语体分布上看,形式动词更常用于庄重的场合,如政论语体、科技语体、公文语体等,很少用于文学作品和日常口语(这与形式动词后一般不带单音节词也是密切相关的)。

对形式动词的功能,或者说使用形式动词的必要性,已有不少学者有过讨论,主要是形式动词可以解决多方面的句法问题。

首先,一些动词加上名词性修饰语后就不能再作谓语,但使用形式动词可以打破这一限制(可参考宋玉珂《"进行"的语法作用》、朱德熙《现代书面汉语里的虚化动词和名动词》)。如例（16）(例自朱文)的"支援"受"一点"修饰后,无法再还原到不使用形式动词的句子中。若一定要说,则必须使用形式动词。

（16）a. 只要上级和邻近地区支援,生产很快就能上去。

b. *只要上级和邻近地区一点支援,生产很快就能上去。

c. 只要上级和邻近地区给予一点支援,生产很快就能上去。

第二,动词不能同时带状语和定语。若一定要将状语和定语放在一起,则句子必须使用形式动词才可说,如例（17）所示(宋玉珂《"进行"的语法作用》)。

（17）军事调动　立即调动

*立即军事调动→立即进行军事调动

第三,不及物动词基本不带宾语这一限制也可以通过使用形式动词来突破。例(18)的"录像"是不及物动词,只有借助形式动词才能在语义上与宾语关联起来(刁晏斌《虚义动词论》)。

(18) a. *他们正在录像比赛的实况。

b. 他们正在对比赛的实况进行录像。

第四,多个动词关联一个宾语时受限的情况也可以借助形式动词解决。例(19)的"每个模块"对应四个不同的动词,用形式动词可使句法和谐,语义连贯(刁晏斌《虚义动词论》)。

(19) a. *均可以独立地编写、调试、修改和阅读每个模块。

b. 每个模块均可以独立地进行编写、调试、修改和阅读。

总的来说,上述句法表现在信息传递和事件表达上有统一的功能,就是增大句子的信息量(可参看李桂梅《形式动词句式的表达功效》)。

此外,"进行、加以、予以、给以"等形式动词都是由实义动词虚化而来的,其本义分别是"从事;施加、强加;给("予以、给以"都是"给"义)"。概括来看,都有"主体主动进行某事"的意味。因此,从表达效果来看,使用形式动词还可以强调主体的意志(可参看李桂梅《形式动词句式的表达功效》)。

回顾例(1),"予以打击报复"中,"予以"符合一般形式动词的特征和功能。原书认为该句中的"予以"完全是"废话",主要原因可能是句子的谓语部分——"打击报复"比较简单。但从语体色彩来看,这是一篇登载在报纸上的具有政论性质的文章;从句式上看,"打击报复"的宾语已经由介词"对"引导而提前;从表达上看,使用形式动词"予以"也着重强调了行为主体施行打击报复的主动性和刻意性。综合这几方面来看,不能认定为"废话"。

回顾例(2),"在长江三峡进行了畅游"和"畅游了长江三峡"在表达效果上似乎也有所不同:"畅游"是有意进行、计划明确的,"在长江三峡进行了畅游"(即报道原文)可让人感受到主办方的精心准备,而"畅游了长江三峡"(即改后表达)不一定有这样的意味。

但我们也承认,日常语言使用中确实存在滥用形式动词的问题,如例(20)(21)(此二例摘自《文章病例评改集全》)。

(20) 张老师曾经给学生们多次进行修身课。

(21) 给中学生订阅有关报纸,如《文汇报》《中国青年报》《语文报》,并对报上必读的文章进行勾勾画画,以帮助学生阅读。

例(20)的"修身课"是简单名词,既没有动词身份,也不像"战争"一样属于具有事件性的复杂名词,不宜使用"进行";例(21)的"勾勾画画"只是日常、随意、短暂的动作,与形式动词对书面语体的要求不匹配,属于"大词小用",也应直接删去。

"目前"和"将"真的冲突吗?

有语病评改书认为例(1)中的"目前"和"将"存在冲突,不宜并用。

(1) 中国济南洗衣机厂目前将着手进行厂房调整等工作……(《我国第一家生产全自动滚筒式洗衣机工厂——中国济南洗衣机厂今天建立》1984年5月17日,例自《新闻语病汇析》)

该书的"诊断"是:"目前"指说话的时候,"将"指未来,把不同时间概念用在一起,便使人不知厂房调整等工作到底是正在进行,还是快要进行了。

需要明确的是,"目前"和"将"真的存在"时间概念"上的冲突吗? 事实上,我们可以找到大量"目前"和"将"并用的实际例子,如例(2)—(9)都是权威媒体的用例。

(2) 英国政府目前将从更有利于美国石油公司的观点来处理这些谈判。(《人民日报》1950年)

(3) 目前将首先在干部和大批报告员宣传员中进行宣传和讨论。(《人民日报》1954年)

(4) (美国)总统完全同意日本当局关于推迟他的访问的决定,因此在目前将不访问日本。(《人民日报》1960年)

(5) 申雪赵宏博是今年5月份开始练"抛四周"的,目前将继续提高"抛四周"的成功率。(新华社2001年10月)

(6) 国家税务总局近日已正式辟谣,否认目前将下调证券交易印花税。(新华社2003年2月)

（7）三是住房和城乡建设部会同财政部、发展改革委、人民银行、审计署、银监会联合试行住房公积金督察员制度，<u>目前将</u>重点对试点城市住房公积金管理和试点项目建设开展督察。（《人民日报》2010年）

（8）美国总统奥巴马在事发后发表声明，指责波士顿爆炸袭击是"残暴和怯懦的恐怖主义行为"，政府<u>目前将</u>升级美国的安保措施，并将全力追缉凶手。（《人民日报》2013年）

（9）仰交所<u>目前将</u>只接受缅甸投资者开设账户，交易均以缅元结算。（《人民日报》2016年）

"目前"和"将"确实都与"时间"有关，但侧重点不同："目前"关心的是绝对时间，即以说话时间为参考点的"当下"；"将"关心的是相对时间，是一个动作或事件在某个时间框架内的发展进程。我们大致可以将"目前"所涉及的领域称为"时"，将"将"所涉及的领域称为"体"。

所谓"时"和"体"，其实是不同的语法范畴。我们已经介绍过，普通语言学中所谈论的"语法范畴"是狭义的，专门指由词的形态变化所表示的一组特定的语法意义（可参看本书第一章《"俩个"错在哪儿了？》中的相关介绍）。

汉语没有严格意义上的形态变化，因此没有真正的"时"范畴。英语中，"时"范畴是通过动词的形态变化来表达的。

而对汉语是否有"体"范畴，不同研究者有不同看法。认为汉语没有"体"范畴的学者，主要是基于汉语没有俄语、法语等语言中那样的词形变化这一事实而做出判断的。而认为汉语有"体"范畴的学者，多认为汉语中表示"体"意义的手段有些类似于土耳其语、日语等语言中的词形变化。尽管土耳其语、日语（在形态类型上属于黏着语）的词形变化和俄语、法语（在形态类型上属于屈折语）等有所不同，但也属于词形变化的一类。

那么,汉语中表达"体"意义的手段到底是什么?汉语中有多少种不同的"体"呢?

一般认为,汉语中有起始体、持续体、完成体、经验体、短时体、继续体等,分别用"起来""着""了""过"以及动词重叠式、"下去"表示,如例(10)所示。

(10) 哭<u>起来</u>[起始]　台上坐<u>着</u>主席团[持续]　吃<u>了</u>饭再去学校[完成]　去<u>过</u>北京[经历]　<u>尝尝</u>[短时]　写<u>下去</u>[继续]

动词重叠在一定程度上可以视作真正的屈折形态,而"着、了、过"等黏附性的虚词有些类似于黏着语中的黏着词缀。总的来看,汉语的"体"在一定程度上可以算作由形态手段表达的语法范畴。

但无论有没有"时"和"体"这样的语法范畴,"时"意义和"体"意义都是彼此独立的。如前所述,二者对时间的关注角度不同,并不冲突:"目前"是表达时间意义的词,表示所述事件发生的时间与当下时间重合或基本重合;"将"是表达体意义的词,表示某一事件或动作尚未发生而即将发生。类似的情况还有"昨天"和"正要"、"明天"和"到了"等,见例(11)(12)。

(11) <u>昨天</u>他进来的时候我<u>正要</u>出门。　[过去时间+将行体]

(12) <u>明天</u>我<u>到了</u>学校再给你打电话。　[将来时间+完成体]

"深深地被这动人的诗朗诵感染"
存在语序不当的问题吗?

有分析认为例(1)存在语序不当的问题:状语"深深地"应直接修饰"感染",即应修改为"都被这动人的诗朗诵深深地感染了"。

(1) 一台精彩的节目,把全场观众的情绪推向了高潮,人们不约而同地加入了大合唱的队伍,<u>都深深地被这动人的诗朗诵感染了</u>。(《吉林日报》2011 年 6 月 16 日第 14 版,例自《新闻语病汇析》)

与之类似,一些分析认为例(2)(3)也存在语序不当的问题,应分别修改为"广大师生精神为之一振""迎面吹来的寒风使我不禁打了个冷颤"。

(2) 广大师生<u>为之精神一振</u>,信心百倍。(例自《语病类析》)

(3) 迎面吹来的寒风<u>不禁使我</u>打了个冷颤。(例自《语病类析》)

上述三例的修改思路,都是要使状语紧挨着其所修饰的中心语。修改后的说法自然没错。问题在于,修改前的说法真的存在语序不当的问题吗? 首先,我们需要明确区分状语的不同类型,再进行分类讨论。

描写性状语主要用于描写动作者动作时的情态,如例(4)的"害怕";或者描写动作行为或变化的方式、状况等,如例(5)的"彻底"。描写性状语一般没有限制作用,"害怕""彻底"只是进一步描写已知的动作"哭""打扫",增加有关情态或方式的具体信息,对动作或事件本身并无影响(此二例自《国际汉语语法教学》)。

(4) 他<u>害怕</u>地哭了出来。

(5) 我们把教室<u>彻底</u>打扫一下。

与之相对的是非描写性状语,用于说明动作、变化或事情发生的时间、处所、程度、对象等,一般具有限制作用。总的来看,非描写性状语所提供的更可能是客观信息,或叙事时必须交代的信息,如例(6)—(9)。

(6) 我们<u>昨天</u>去故宫了。　我们<u>前天</u>去故宫了。　［时间］

(7) 小明<u>在图书馆</u>学习。　小红<u>在家里</u>休息。　［处所］

(8) 她<u>有些</u>不高兴。　老师<u>很</u>生气。　［程度］

(9) 这件事<u>对我</u>影响很大。　这件事<u>对她</u>影响很大。
［对象］

若不加上这些信息,可能导致叙事不完整、不周全。若缺失严重,也可能造成无法完句的问题(可参看本书第二章《主干成分齐全,却觉得话没说完?》)。

下面来看状语及其所修饰的成分必须遵守的语序规则。

第一,状语一般应在其修饰的中心语之前。如果调换顺序,轻则使句法结构发生改变,如例(10)a和b的语序不同造成结构关系不同;重则使句子不能成立,如例(3)不可能说成例(11)。

(10) a. 用功读书［偏正结构］　b. 读书用功［主谓结构］

(11) 迎面吹来的寒风使我*打不禁了个冷颤。

当然,根据表达需要,有些状语可以出现在中心语后,如例(12)(13);甚至离开动词,出现在句首,如例(14)(15)。像例(15)这样由介词结构充当的状语,往往具有一定的话题性质。这些状语所修饰的范围是整个主谓结构而不仅仅是谓语(可参看范晓《关于汉语的语序问题(一)》等)。

(12) 如果我能够,我要写下我的悔恨和悲哀,<u>为子君</u>,<u>为自己</u>。

(13) 她走过去了,<u>轻轻地</u>、<u>轻轻地</u>。

(14) <u>静悄悄地</u>,她走过来了。

(15) <u>在战略上</u>,我们要藐视敌人,<u>在战术上</u>,我们要重视敌人。

第二,不同类型的状语的排列顺序历来为研究者所关注,相关成果颇丰,并非寥寥几语便可解释清楚。但总的来看,其中有一条较核心的,也更适合汉语母语者的排列标准(刘月华《状语的分类和多项状语的顺序》):

指向主语的描写性状语>指向动作的描写性状语>谓语动词

若将非描写性状语考虑在内,基本可以形成以下规则(仅少数非描写性状语例外):

非描写性状语>指向主语的描写性状语>指向动作的描写性状语>谓语动词

整体上,多数非描写性状语能在主语前充当整个句子的修饰语。不能充当句子修饰语的,如上所述,也多用于交代与句子相关的客观信息,如时间、处所、对象等。描写性状语虽与具体动作密切相关,但指向动作发出者的(间接)和指向动作本身的(直接),又有"亲疏"之别。上面的排列规则所反映的正是这种整体上的亲疏之别。

另一个证据是,非描写性状语不仅可以出现在叙述性语言中,也可以出现在对话语体中,在不同文体中出现的频率没有明显差异。但不同类型的描写性状语则在叙述、对话语体中有明显分工(可参看刘月华《状语的分类和多项状语的顺序》)。这同样说明非描写性状语更加"客观",是多数句子都需要的、提供必要信息的成分。

除上文介绍的状语类型外,还有一类特殊的描写性状语:虽在句法上充当状语,但实际描写的是动词的宾语。例(16)是语病评改练习中的典型例题,一般都认为其存在状语语序不当的问题。但这类句子事实上是可说的。

(16) 随着现代社会学习和工作压力的增大,许多人<u>不同程度地</u>出现了心理问题,但是却讳疾忌医。[例自《高中同步导学大课堂·语文(必修1)》]

我们也找到了不少类似的权威用例,如例(17)—(19)。

(17) 据了解,全国各大、中城市今年都<u>不同程度地</u>出现了"啤酒荒"。(《人民日报》1980年)

(18) 1997年,我国水果生产全面丰收,各地<u>不同程度地</u>出现"卖果难"。(《人民日报》1998年)

(19) 药物疗法是当前防治疟疾的主要途径,长期沿用的奎宁类药物或<u>不同程度地</u>出现抗药性,或具有明显副作用。(《人民日报》2006年)

例(16)—(19)的"不同程度"实际上修饰的都是动词宾语——"心理问题""啤酒荒""卖果难""抗药性"。

需要注意的是,并非所有的"不同程度"都有这种用法。如例(20)的"不同程度",句法上与中心语"表达"紧密排列,语义上也与中心语关系最为紧密。同时,动词宾语"不满"已有与之搭配的定语"强烈",且语义上也与程度相关,因此不再与"不同程度"关联。

(20) 消息宣布后,巴勒斯坦民间和政府机构都<u>不同程度地</u>表达了对以方此举的强烈不满。(《人民日报》2010年)

上述"表面上作状语,实际上修饰宾语"的情况在文学作品中更为多见,如例(21)—(23)(可参看刘月华《状语的分类和多项状语的顺序》)。

（21）买上车，省下钱，然后<u>一清二白</u>的娶个老婆。（老舍《骆驼祥子》）

（22）等我去打点开水，咱们<u>热热</u>的来壶茶喝。（老舍《骆驼祥子》）

（23）两位太太，<u>南腔北调</u>的生了不知多少孩子。（老舍《骆驼祥子》）

对这类特殊的描写性状语的解释涉及现代汉语语法研究的重要成果之一——"语义指向"，主要指句中的一个成分与另外两个或多个成分中的某一个具有"相关"的关系。例（24）是一组经典例子。

（24）老王<u>喜滋滋</u>地炸了盘花生。

老王<u>脆脆</u>地炸了盘花生。

老王<u>早早</u>地炸了盘花生。

例（24）各例有着完全相同的形式构造，但各个画线成分有着不同的语义指向："喜滋滋"所指向的是"老王"，"脆脆"所指向的是"花生"，"早早"所指向的是"炸"。这说明在同一结构中的相同位置出现的成分，是可以和不同位置上的多个成分中的其中一个产生关联的，可能有多种不同情况（可参看陆俭明、沈阳《汉语和汉语研究十五讲》）。

相关研究中还有一个经典例子，摘为例（25），相信汉语母语者并不会认为它是"病句"。

（25）他<u>圆圆地</u>画了一个圈。

"圆圆地"是状语，在句法上关联动词中心语"画"，但语义指向的却是宾语"圈"。例（26）同理，句法上呈现为a，但语义上解读为b。

（26）a. 他们昨晚<u>整整</u>干了三个小时。

b. 他们昨晚干了<u>整整</u>三个小时。

总的来看,部分描写性状语可以不在线性上紧挨中心语。对此,我们可以给出统一的解释,不需要强制地将修饰语和它所修饰的中心语紧密地排列在一起,也不需要将这类现象全都处理为病句。从理论上来说,这是汉语的"句法结构关系"和"语义结构关系"并不总是一致的具体表现,是汉语的整体特征之一。

"确实可能"真的自相矛盾吗？

我们发现,一些语病评改书将例(1)视作不合语法的表达,并指出其主要问题是"确实"和"可能"的连用,认为这属于"自相矛盾"。

(1) 一者,现实生活中确实可能存在公众情绪相互感染、相互激发的情况,经由互联网的强大动员,一旦发生一起公共事件,则整个社会的关注立刻聚集起来,蔚成声势。(《中国青年报》2011 年 12 月 23 日第 6 版,例自《新闻语病汇析》)

根据《现代汉语八百词(增订本)》,副词"确实"的释义为:对客观情况的真实性表示肯定。可用作状语,也可用在句首。可作 AABB 式重叠。副词"可能"的释义为:表示估计,也许,或许。上述语病评改书之所以认为例(1)"自相矛盾",应与两个副词分别表示"肯定"和"估计"这一表面上的冲突有关。

事实真的如此吗?我们找到了不少"确实可能"的实际用例,其中不少出自《人民日报》,前后时间跨度超过 60 年。例(2)—(5)只是其中一小部分的摘录。

(2) 有些人退职后生活确实可能发生困难,是否可以根据具体生活情况在一定时期内给予一定的补助。(《人民日报》1950 年)

(3) 这位陪审员与本案有其他关系,而且确实可能影响本案的公正处理。(《人民日报》1989 年)

(4) 某些成分,比如激素或药物确实可能渗入皮肤深处,但其他大多数成分只能渗入它的外层（表皮）。（CCL \ 1990s \ 1993\报刊\读者\1993 Author《读者》_142.txt）

（5）每克酒精产生的热量达到 7 千卡，病人<u>确实可能</u>因为喝酒就吃得少一些。（《人民日报》2011 年）

这提示我们不能简单地将"确实"和"可能"这两个看似语义有所冲突、不能完全兼容的副词的共用视作"自相矛盾"。

首先，我们可以从语感上直观地考虑这个问题：例（2）—（5）的"发生困难""影响本案的公正处理""渗入皮肤深处""因为喝酒就吃得少一些"均为客观情况。那么，各自增补"可能"之后，所表达的是否仍属客观情况？

若认为相关表述所指的是各种情况发生的客观可能性，进而将其视作对客观事实的陈述，那么自然可以将"确实"与"可能"连用。反之，若认为相关表述所讨论的不是客观情况，而已加入说话者的主观判断，那么就涉及另外一个问题——情态及其相关手段。所谓"情态"，指的是说话者对句子传达的命题或命题描述的情况所持的观点或态度，及其在语法上的表现。简单来说，情态与说话者的主观态度密切相关。早期，西方学者对这一问题关注较多，代表学者有莱昂斯爵士（Sir John Lyons）、帕莫（F. R. Palmer）等。此后，国内也有一批学者对汉语的情态问题展开了系列讨论，如彭利贞、徐晶凝、巫雪如、范晓蕾等，有兴趣的读者均可参考。

"可能"和"确实"都涉及情态表达，属于"情态副词"。具体来看，前者属于认识情态副词，用于说话者对语句所描写的事态进行推测。因为是对事态的推测，认识情态副词的作用范围是与之搭配的具体成分。后者属于评价情态副词，用于说话者对语句所描写的事态进行主观评价。因为是对事态的评价，评价情态副词的作用范围是整个命题（可参看史金生《"毕竟"类副词的功能差异及语法化历程》、徐晶凝《现代汉语话语情态研究》等）。如例（2）中，认识情态副词"可能"修饰"发生困难"，表示这一事态发生的可能性；评价情态副词"确实"修饰"可能发生困难"，表示说话者对"这一事态是可能发生的"这一命题的肯定。

与"可能"类似的认识情态副词和与"确实"类似的评价情态副词常常可以连用。不过有时也有一些限制条件。比如，认识情态副词常居于评价情态副词之后。因为副词充当状语时，一般位于其所修饰的中心语之前。其中，越居后的成分，离谓语动词越近，和谓语动词在语义上的关系也就越密切；越居前的成分，离谓语动词越近，和谓语动词在语义上的关系也就相对越疏远，更便于评价整个命题，表达说话者的主观态度。

除了例（1）—（5），看似矛盾的情态副词连用的例子还有"也许"和"其实"、"也许"和"的确"、"的确"和"不一定"、"反正"和"一定"、"当然"和"也许"等，如例（6）—（10）。

（6）这只能解释为他们肩上的担子很轻，<u>也许其实</u>是个空担子，名为领导，实不负责。（《人民日报》1988 年）

（7）这段分析的确有道理，这些原因<u>也许的确</u>在一定程度上造成老舍茶馆的冷落。（CCL\1990s\1994\报刊\报刊精选\1994 年《报刊精选》05.txt）

（8）少数人的意见<u>的确不一定</u>总是错误的。（《人民日报》1959 年）

（9）有些道理我一时讲不清，就做给他们看，<u>反正一定</u>要用最短的时间，帮助贫下中农掌握医疗卫生知识。（《人民日报》1970 年）

（10）<u>当然也许</u>你追求的和别人追求的不一样罢了。（王朔《顽主》）

不过这些例子还有区别。例(6)(7)的两个情态副词有时可以换位,这主要与"也许"这类表示揣测的情态副词的主观性较强有关,前文所讨论的"确实"也是如此。而例(8)—(10)的两个情态副词都绝不能彼此调换位置,限制较为严格。这是一个更复杂的问题,这里就先不展开了。

"语意"不会轻易"不明"

有语病评改书认为,例(1)有多处语意不明的问题。

(1) 祁爱群看见组织部新来的援藏干部很高兴,于是两人亲切地交谈起来。(例自《汉语语病研究——语病的评析与修改》)

该书是这样"诊断"的:第一,"援藏干部"是个集合概念,但从下文的"两人"来看,其实只有一位,因此应对"援藏干部"的数量进行限制;第二,"组织部新来的"有歧义,是从组织部新调来的,还是刚调到组织部来的;第三,"两人"也有歧义,是祁爱群跟这位援藏干部呢,还是其他两人。相应的"治疗"方案是将例(1)改为例(2)。

(2) 祁爱群看见组织部里新来的那位援藏干部很高兴,于是便跟他亲切地交谈起来。

我们认为,上述"诊断"和"治疗"可能有些吹毛求疵了,下面逐点分析。

第一,"援藏干部"并不是一个"集合"概念,而是一个"类别"概念。汉语中,光杆名词的所指对象究竟是不是明确的、已知的,究竟是一个类(具体可表现为多个个体或集体)还是一个个体,并不很明确。例如,我们在日常生活中可以用"猫呢"来询问听说双方都明确的某只猫的行踪。这样说符合语法,语义也明朗,不一定要强制表达为"那只猫"。而且,说"那只猫"反而有其他的感情色彩了。又如,"来客人了"中,客人的身份一般是不明确的,我们描述为"不定指"或"无定";"客人来了"中,客人的身份一般是明确的,我们描述为"定指"或"有定"。

第二,"组织部新来的"确实存在歧义,但例(2)所示的改法——将"组织部新来的"改为"组织部里新来的"似乎收效甚微。根据病句修改时"最小改动"的原则,更好的做法是改为"从组织部新来的"或"新来组织部的",两种表述分别对应两种意思。

第三,用"两人"照应上文的"祁爱群"和"援藏干部"并无问题,这是语篇衔接中常规的回指策略,我们可以找到不少类似的例子,如例(3)(4)。

(3) 昨天中午,中华中学的两名初三学生李某、刘某放学行至长乐路时,身后突然窜出两名流里流气的小青年。**两人**将他们强行带至大油方向的巷口,开口向两学生要钱。李某和刘某在**两人**的威逼下,掏出了身上的全部零用钱。两青年见油水不足,骂骂咧咧地走了。(《江南时报》2003 年 1 月 3 日)

(4) 苏小姐领他到六角小亭子里,**两人**靠栏杆坐了。(钱钟书《围城》)

"回指"是涉及篇章组织的重要概念,指在话语中首次提到某个事物之后,若再要论及该事物,一般会采用一个相对较为简省的形式(该事物首次出现时所使用的形式一般较为复杂),同上文取得照应[可参看刘丹青编著《语法调查研究手册(第 2 版)》]。

而不少语病评改书中,涉及回指的用例常与"指代不明""语意不明"等问题有关。例如,一些评改书将例(5)—(7)视作"指代不明"的例子(此三例均自《新闻语病汇析》)。

(5) 粢饭摊的摊主是老保姆的同乡,①她早就拉我过去与②她认识,并关照说:"这是我家妹妹,你给她的粢饭一定要多放

些糖!"(《文汇报》2011年5月21日第8版)

(6) 特别在作者描写主人公孙少平奋力打拼从不退缩的时候,由此而让我的心中萌生出一股幸福的感觉。(《北京晨报》2011年7月31日A21版)

(7) 前不久,一位①事业有成的妈妈十分焦虑地找到我,说②她的小女儿出生不久就送给③她姐姐了,因为④她姐姐没孩子。现在小女儿长到15岁了,把⑤她当仇人,学也不上,整天闹,闹得⑥她姐姐家日夜不得安宁。(《齐鲁晚报》2011年3月19日A20版)

书中是这样分析的:例(5)中画线的两个"她"所指不同,造成了语意混乱;例(6)中"此"不知是指作者对主人公孙少平的描写,还是指主人公的"打拼精神";例(7)画线的"她"也有指"这位妈妈"与"这位妈妈的姐姐"两种可能性。

下面我们先梳理回指的几种基本形式,再回过头来分析例(5)—(7)。

回指形式的种类很多,光是与名词性回指相关的就有三种主要情况,包括:零形回指、代词回指、名词回指(可参看陈平《汉语零形回指的话语分析》)。我们借例(8)进行说明。

(8) ①唐明德惊慌地往外跑,②∅撞到③一个大汉的身上。④他看清了⑤那人的眉眼,⑥∅认出⑦那人是谁。(例自《汉语零形回指的话语分析》,成分编号是后加的)

例(8)中,①"唐明德"和③"一个大汉"都是首次出现的名词性成分(称为"先行语"),也是后文其他名词性成分的回指对象。②、④—⑦是与先行语照应的回指形式。其中,②⑥属于"零形回指",即,使用一个省略的零形式(借用数学中的空集符号"∅"表示)回指先行语;④属于代词回指,即,使用代词回指先行语;⑤⑦属于名词回指,即,使用名词类的成分回指先行语。

回顾例(5)，其表述确实不够清晰，但两个"她"仍可通过上下文分辨。具体来看，"我"是被"①她"介绍与"②她"相识的，两个"她"的所指对象自然不同。从话语内容可知，"①她"不是做粲饭的那位，那么自然是老保姆，"②她"便是摊主。尽管读者在不同的"她"之间来回辨析颇得费一些精神，但现实生活中类似的句子很常见，如例(9)的"①他"指"卢嘉川"，"②他""③他"均指"敌人"。

(9) 卢嘉川知道敌人如果真正得到了他们的名单，便不会再同①他这么费劲了，正因为②他不知道，所以③他说"知道了"。(杨沫《青春之歌》)

例(6)确实存在问题，但问题是句式杂糅，而指代方面其实是明确的。结合背景知识，能让读者萌生幸福感的不太可能是写作过程，而应该是所描写的拼搏事迹。同类句子也是很常见的。例(10)是比例(6)更"夸张"的例子。其中，谁"转身走了"，谁"冲着背后骂"，均是由零形回指形式完成的。但汉语母语者并不会觉得模糊，因为可以借助事理逻辑确定不同回指形式所照应的先行语。

(10) 涂大妈见二女儿说完这句话，转身走了，只好冲着背后骂一声……(例自陈平《汉语零形回指的话语分析》)

例(7)与例(5)(6)不同，句中各成分指代明确，语意清晰。因为先行语"①事业有成的妈妈"的回指形式总是代词性的"她"，如②⑤；先行语"③她姐姐"则始终用同形的名词类成分回指，如④⑥。总的来看，"她"和"她姐姐"两个回指形式的分工明确，不会产生混淆。

除此之外，语言中还有其他回指形式的类型，如例(11)使用概述式，即用"这场胜利"总结上句所述的中国男队的胜利；例(12)使用单个指示词，即用"这"描述海浪的汹涌等。

（11）前两天,中国男队又将曾三次胜过自己的日本队拉下马,第一次进入了戴维斯杯东方区争夺冠军的决赛。虽然中国男队的<u>这场胜利</u>算不得什么了不起的成绩,但应该说是一个新突破。(《人民日报》1987年)

（12）忽然海风大作,波涛汹涌,呼啸的海浪跃过防波堤,漫上了公路。一时,沿堤数百米水流如注,泛着泡沫。<u>这</u>在海港是常见的,女孩却被凶暴的波浪吓坏了,不敢涉水而行。(例自王灿龙《试论“这”“那”指称事件的照应功能》)

回指是语篇衔接的重要手段。正因有各种不同的回指策略,我们的表达才能够连贯、流畅而不显拖沓、赘余。上文例(1)改成例(2)自然没有问题,只不过这里也暗藏了一个零形回指:于是(祁爱群)便跟他亲切地交谈起来。若要像原书那样追究起来,这零形回指是否也应视作一种指代不明呢?

综上所述,话语中,指代的“明”或不“明”并没有完全统一的标准。事实上,只要回指形式的照应对象所在的上下文、相关的背景信息、生活常识等能够提供足够信息,保证受话人不至于感到费解或者产生误会,就可视作指代明确了。

听的是"录音"还是"录音带"？

　　一些语病评改书认为例（1）—（3）均有搭配不当的问题（例自《新闻语病汇析》）。

　　（1）一些观众说，他们虽然多次听过祖国录制的相声录音带……（《中国说唱艺术团在华盛顿演出》1984 年 12 月 18 日）

　　（2）山西省果树研究所在科研工作中，坚持为果农服务，下果区，上山区，推广新技术。（《山西省果树研究所坚持为果农服务送技术上山》1986 年 5 月 6 日）

　　（3）早在今年 8 月，美国出尔反尔，拒绝会见巴解组织的代表……（《中东和平进程中的逆流》1985 年 10 月 23 日）

　　原书的"诊断"和"治疗"如下：例（1）中，"听过"的应该是"录音"而非"录音带"，属于动宾搭配不当；例（2）的标题和导语都不通，因为研究所是一个机构，不可能"为果农服务，上果区，上山区，推广新技术"，属于主谓搭配不当，应补上"技术人员"。例（3）中，"美国"是国家而非具体的人，无法作为"拒绝会见"的主体，属于主谓搭配不当。

　　我们认为上述"诊断"和"治疗"都有些矫枉过正。日常生活中，这些句子都是可说的。因为人们对世界的理解并不是刻板的，对概念的认识并不是单一的。根据长期经验，人们会在概念和概念之间建立起相对固定的关联模式。这种模式在认知科学中称为"认知框架"。

　　"转喻"就是建立认知框架的一种机制。转喻不仅是一种语言现象,也是人们的思维方式和行为方式。它所依赖的是事物之间的相关性。我们所熟悉的修辞格"借代"正是基于事物或概念之间的相关性发挥作用的。

具体来看,与例(1)"听录音带"类似的有"看电视""听收音机""看录影带""看 VCD""听 CD"等,这是基于"容器—内容"这种最基本的认知框架产生的表达。也正是基于这一框架,我们可以说"水开了"或"壶开了",因为壶是水的容器。有时,"容器"甚至可以战胜"内容",在表达中占据上风。例如我们常说"吃火锅",但很少说"吃火锅菜",这是因为作为容器的"锅"比内容物"菜"更为显著。所谓"显著",指的是某些事物更加容易吸引人们注意,或更加容易识别、处理和记忆(可参看沈家煊《转指和转喻》)。其实例(2)也是基于"容器—内容"这一框架的——用机构名称转喻其中的工作人员。

与例(3)类似的用例就更为丰富,在新闻语体中尤其多见,如例(4)—(6)。

(4) 伊朗曾多次就工期拖延问题向俄罗斯表示不满,甚至认为俄罗斯"缺乏与伊朗合作的诚意",俄罗斯则把工期推迟的原因归结于"技术上的问题"。(《人民日报》2010 年)

(5) 英国表示要"把网络攻击加入武器库"。(《人民日报》2012 年)

(6) 北京表示坚决打好蓝天保卫战,大气污染防治工作将从"结构性减排"向"内涵型减排"转变。(《人民日报》2018 年)

这是基于"整体—部分"和"容器—内容"这两个认知框架共同建立的。例(3)—(6)都是先用国家或城市转喻其行政机构——"美国"指美国政府,"伊朗"指伊朗政府,"俄罗斯"指俄罗斯政府,"英国"指英国政府,"北京"指北京政府(在不同语境中也有指中国政府的情况)。进一步地,用机构这一"容器"转喻其"内容",即,用政府机构转喻相关的官员或领导人。

上述"整体—部分"框架也是常见的基本框架。除例(3)—(6)外,还有更日常化、生活化的用例,如例(7)—(9)。

(7) 剧团领导成天忙于解决这类纠纷,费尽心力也难"摆平",而不少地方的观众因总是看当地剧团的老熟人、老面孔,不乏责难之声。(《人民日报》1984年)

(8) 除5名老队员外,其余均为新面孔。(《人民日报》1989年)

(9) 最终,俞斌、彭荃等好手遭到淘汰,谢赫、丁伟等晋级本赛,女选手全军覆没。(《人民日报》2010年)

用"面孔"转喻人,而不用头发、四肢、着装等,是因为面孔能够反映一个人最重要、最恒久的区别特征,显著程度最高。我们也常见到用"手"转喻人的,如"好手"等。"面孔"和"手"转喻人时,意图有所不同。"手"类主要强调能力或技术,或反映所从事的职业。除"好手"外,还有"高手、低手、能手、妙手、新手、老手、国手"等。当然,在语境支持下,只要头发、其他肢体、着装的特征足够显著,也可以转喻人,如"蓝头发、大长腿、花裙子",只不过一般具有临时性,还不像"面孔、手"那样已经形成了较为固定的用法。

我们曾见到这样一例病句评改,例(10)的"巴掌"被认为是错误用法。原书点评:光伸着巴掌,当然抓不住大鱼,因此建议将"巴掌"改为"手"。

(10) 这时我们趴在绿草如茵的河岸边,把手伸进石缝里摸,一摸就是一条,大的鱼一个巴掌都攥不住。(例自《文章病例评改集全》)

事实上,我们不会真的根据上述描述而认为有人摊着手抓鱼。而且,究竟是"摊"着手还是"攥"着手也并非此句的表达重点。原句意在突出"鱼之大",并用"手"作为参照物,只不过多拐了一道弯,用"巴掌/手心"转喻了"手"。这也是基于"整体-部分"这一认知框架产生的,而且"巴掌"大,整只"手"自然也小不了,在表意上没有问题。

此外,用"红领巾"指少年儿童,用"邓丽君"指邓丽君所演唱的歌曲,用"余华"指余华的文学作品,用"永久"指老式自行车等,都涉及转喻机制。正是因为有了这一机制,人们才可以更高效地认识世界,更简洁地表达自我,更灵活地使用语言。

"一对夫妻怀了孩子"真是搭配不当吗?

一些分析将(1)这类句子视为病句,理由是:"怀了第一胎"的只能是"妇",而不能是"夫","夫妇"同怀"第一胎"违背科学道理。

(1) 他们夫妇怀了第一胎之后就商定了优生优育计划。(例自《语病类析》)

其实,生活中这种表述是广泛存在且被接受的。除"怀孕"外,"生产"等也经常有这样的用法,"生产"也是专属于女性的生理过程,但我们不会认为例(2)—(7)这样的表达有问题。

(2) 婚后夫妻感情很好,生了三个孩子。(《人民日报》1957 年)

(3) 陈才已经同一个穷苦的印度妇女妞妮结成夫妻,生了一子一女。(《人民日报》1963 年)

(4) 户籍警在办理户口申报工作时,积极宣传晚婚晚育和一对夫妻生一个孩子的好处。(《人民日报》1980 年)

(5) 全市少数民族中,自愿终身只生育两个孩子的夫妻,领取《计划生育光荣证》的已超过 5000 对。(《人民日报》1989 年)

(6) 对国家干部和职工、城镇居民要求一对夫妻只生育一个孩子,对农民提倡一对夫妻生育一个孩子。(《人民日报》1991 年)

(7) 从去年开始,他看到对面的小夫妻生了孩子,每天一家三口其乐融融,这让他心里很是难受。(CCL\2010s\201x\网络语料\微信公众号\Wechat_051.txt)

首先,从名词的性质来看,"夫妻"属于关系名词,且是其中的逆向关系名词,通常涉及两个对象,或有限数量的多个对象(可参看王珏《现代汉语名词研究》)。这些逆向关系名词可以构成如下判断句:

(8) 小李是小张的<u>丈夫</u>。 小张是小李的<u>妻子</u>。

小张和小李是<u>夫妻</u>。

这些关系名词常和表示交互、对称的动词性成分搭配,其中一个对象有时可以省略,如"结婚、离婚、订婚、成家、吵架、打架"等。但即使省略,也隐含了相关动作所关涉的其他对象,如例(9)—(11)。

(9) 你现在<u>成了家</u>,应该靠自己挣钱过活了,也免得别人说闲话。(巴金《家》)

(10) 后来凤举<u>结了婚</u>,不读书了,这楼还是留着。(张恨水《金粉世家》)

(11) 鸿渐还在高中读书,随家里作主<u>订了婚</u>。(钱钟书《围城》)

这说明关系名词的相关对象无论是否在句子中显性地出现,彼此总是紧密地联系在一起。而"夫妻"更是常用来指一个整体,是社会生活的特殊单元,是有着共同立场的"同盟"。一个证据是,和"医生~医生们""孩子~孩子们"等常见的"名词+们"表示若干个"1"不同,"夫妻们"指的是"若干个2"。

(12) 80后的小<u>夫妻们</u>大多是独生子女,一旦步入婚姻,生养孩子立刻被父母提上日程。(《人民日报》2014年)

(13) 需要提醒<u>夫妻们</u>的是:婚后也应该牢记相互尊重、相互信任的原则。(CCL\2010s\201x\网络语料\社区问答\baike_068.txt)

生育更是夫妻这对"同林鸟"的共同责任。这种情况下,即使动作或行为实际上只由夫妻中的一方经历或完成,仍可以由"夫妻"共同充当主语,正如"这对夫妻怀了孩子"或"这对夫妻生了孩子"。而且,这种整体性的视角还会被进一步放大。有时,"一个家庭"实际上也指"一对夫妻",如例(14)。

（14）虽然印度政府早就提倡每个家庭只生两个孩子,但<u>大多数家庭却非要生三到四个</u>,不到夫妻满意是不会放弃生育的。(《人民日报》1989年)

类似的,我们曾见到一些语病评改书认为"家庭无家可归"这样的说法有问题。理由是"家庭"不会有"家"。其实,我们都知道这里所要表达的意义是"家庭成员"无家可归。而且,"家庭无家可归"的表述似乎比较常用,例(15)—(18)都是来自《人民日报》的实际用例。

（15）数百个<u>家庭无家可归</u>。(《人民日报》1951年)

（16）每星期约有二十五个<u>家庭加入无家可归的行列</u>。(《人民日报》1964年)

（17）但是,迄今造成的损失(估计800人死亡,5万个<u>家庭无家可归</u>)按中国的水灾危害的标准来衡量是低的。(《人民日报》1981年)

（18）里根政府大量削减建造低收入者住房的经费,使许多<u>家庭</u>近于<u>无家可归</u>。(《人民日报》1989年)

伍　网络新语

我们所讨论的"网络语言"是狭义的,指网络上使用的、自有特点的自然语言,而不包括网络的计算机语言(可参看于根元《网络语言概说》)。

　　网络流行语的语言灵感之一是"超常规搭配",指为实现特定的表达效果,某些成分在合理范围内改变或发展其使用规则,如在原本不能出现的环境中出现,或与原本不能搭配的成分搭配,或出现原本不会出现的形式变化等。其中一部分超常规搭配有着亮眼之处,如流行一时的"被××"就因其特殊的表达效果引起过汉语学界的广泛关注。但也有一些超常规搭配确实影响了语言表达的规范性,可能引起一些母语者的不适,我们也需对此加以关注。

　　"构式"是"构式语法"的研究成果。简单来说,"构式"指语言中有规约性的、有特定意义的句法结构形式/结构体。所谓"规约性",指这个结构体的意义应作为整体来理解,通常无法单纯通过其组织方式来理解,即有"1+1>2"或"1+1+1>3"的效果。网络语言中的新兴构式多是基于旧有结构的变式,在搭配上又有超常之处。

新给予义复合词"给到"的前世今生

在日常生活中或网络平台上,我们越来越多地听到或看到一种新兴的"给到",如例(1)(2)。这一新兴用法与"给到"的传统用法不同。本篇将对新老"给到"进行对比分析,并探讨新用法的语用功能。

(1) 问题处理完毕后,我们会确定本次的补偿方案以及补偿的具体发放时间给到大家。(微博 2020-08-06)

(2) 我们已与巴黎欧莱雅进行了多轮协商,但目前巴黎欧莱雅尚未给到明确的解决方案。(微博 2021-11-17)

汉语中,作为趋向成分的"到"用于动词之后,"动+到"还可与各类名词性成分组合,表示动作结果。有以下几种情况:① "动+到(+受事名词)",表示动作达到目的或有了结果,如例(3);②"动+到+处所名词",表示人或物随动作到达某地,如例(4);③"动/形+到+数量短语/表示程度的名词短语",表示动作或性质状态达到某种程度,如例(5)(《现代汉语八百词(增订本)》)。

(3) 好容易走到了。 我把话说到了,听不听随你。
我今天收到了一封信。

(4) 他回到了家乡。
成绩单已经寄到一些学生家里去了。

(5) 这口井已经打到一百二十米深了。
他坐了不到十分钟就不耐烦了。

给予义动词"给"也可进入"动+到+名词"结构。但与一般动词不同的是,"给"包含动作的方向、起点和终点。若用数学概念类比,它是具有单向箭头的线段(或一维矢量),这使得"给到"的用法、功能与"一般动词+到"相似之余仍存在一定差异。

"给到"有以下几种原型用法。

第一,"给+到+方位结构",表示事物随动作到达某处,如例(6)—(8)。

(6) 可是,给到你手里的是什么呢?(1958 年杨沫《青春之歌》)

(7) 反正广告费是固定的,只要能达到目的,给到谁手里都一样。(1994 年《报刊精选》)

(8) 镜头给到一个总挡着他们哥俩儿的白胡子老头脸上。(2004 年王朔《看上去很美》)

第二,"给+到+目标名词",表示达到某个具体的目标,"目标名词"多为具体产值、金额,如例(9);或表示动作持续到某个时间,"目标名词"多为具体时间点,如例(10)。

(9) 实习期内可以给到 450 元至 600 元,而这恐怕本科生难以接受。(中国发展门户网 2005 年 http://cn.chinagate.cn/society/2005－12/05/content_2340187.htm)

(10) 但是,国家这笔周转基金只给到 1995 年。(1994 年《市场报》)

第三,"给+到+集体名词",如例(11)。这一用法的实际用例极少。

(11) 6 台球罐给到气焊二班时只下 10 天生产时间了。(1994 年《报刊精选》)

例(12)—(15)则是新"给到"的四种用法,均表示给予物转移、传递至接受者处。

（12）我们一起努力，给到冰岛的 EDG 骑士最有力的支持！（微博 2021 - 11 - 07）　［"给到"+接受者+给予物］

（13）主要是想把下班欢脱的感觉给到各位姊妹。（微博 2021 - 10 - 29）　［把+给予物+"给到"+接受者］

（14）部分公路的高清原图先给到大家，要做桌面的观众朋友自取。（微博 2021 - 12 - 04）　［给予物+"给到"+接受者］

（15）有一个可爱健康的宝宝，还有双方父母尽心给到的帮助，一切都值得感恩。（微博 2021 - 12 - 04）　［给予者+"给到"+（接受者）的+给予物］

新"给到"后接的名词性成分仅限于指人的专有名词、普通指人名词性成分和人称代词等，而这几种搭配情况都不见于传统的"给到"。

我们认为，新"给到"是新生的给予义复合词。它所在的位置即是原单音节给予义动词"给"所在的位置。它与常见的给予义复合词"送给"在模式上相似，但又有不同："送给"之"给"既强调给予的方向、过程，也强调给予的终点、结果；而"给到"之"到"仅强调给予的终点、结果。

在给予义复合词"给到"中，"给"已规定动作终点，"到"又对其进行强调。这看似是语义羡余，实则是增强语用力量的手段，表示事件或动作必然可以完成、达到目的。现今的服务行业就常用给予义复合词"给到"来加强承诺的力度。

我们注意到，给予义复合词"给到"又产生了更新的用法："状态/事件+给到"表示状态达成或事件完成，如例（16）—（18）分别表示进入某种状态、实现某个计划、完成某个动作。"给到"仅表达"完成"义，其后不再带论元（即动作所关涉的对象），从及物成分变成了不及物成分。

（16）咱就是一整个我不会我不想我不做我只想下班的状

态给到。（微博 2021 - 12 - 03）

（17）800 跑完就是一个半生不死的概念给到。（微博 2021 - 12 - 04）

（18）一个 get 的动作给到。（微博 2021 - 12 - 03）

这种更新的用法仍可归纳在"给予"这一概念框架中："状态/事件"可类比给予物；状态的体验者或事件的经历者可类比接受者，它往往是默认的，属于缺省值。给予者的情况则较为复杂。有时，给予者是模糊的，如例（16）（17），这种场景往往有遭受、消极义；有时，给予者与接受者同指，即某人完成某个计划或使自己达到某个状态，如例（18）。

网络语言具有扩散性。一个新兴表达出现后，很可能出现一系列相关表达。有些相关表达的理据性较弱，有时甚至有牵强附会之嫌，如从 yyds（永远的神）到 yydXXL（委婉地形容人身材肥胖，借用了服装尺码中的小号 s 和特大号 XXL），较易引起人们的反感；而有些相关表达的理据性稍强，可以在人们的认知框架内部得到一定解释，给予义复合词"给到"当属此种情况。但即便如此，至少目前来看，"给到"仍具有使用场景的特定性、使用人群的有限性，有待时间的考验。

有了"可可爱爱",为什么没有"可可恶恶"？

汉语的词类是根据语法功能划分的。而每一大类内部又可根据语法功能的细节差异再分为若干个小类。汉语形容词可分为两大类。一类能用"不"否定,能加"很"表示程度,大多能直接作为定语修饰名词,如"好、远、安定、仔细"等,称为性质形容词。单音节形容词和一般的双音节形容词均属此类。另一类一般不能用"不"否定,当需要前加程度副词时可能会受到一定的限制。而且,这一类的成员大都具有表示程度的构词形式,如"雪白、通红、黄灿灿、古里古怪"等,分别由形容词词根"白、红、黄、古怪"派生出来,派生的具体方式因词根而异,称为状态形容词。总的来看,尽管这两类成分一般都能充当定语和谓语,都归为形容词,但二者无论在特点、形式还是功能上都有着较大的区别(参看张斌主编《现代汉语描写语法》)。

性质形容词有不少是可以重叠的,其中,双音节词的重叠形式一般是 AABB,如例(1)。

(1) 干净~干干净净　舒服~舒舒服服

明白~明明白白　老实~老老实实

清楚~清清楚楚　高兴~高高兴兴

大方~大大方方　整齐~整整齐齐

也有一些可以重叠为 ABAB 式,如例(2)。

(2) 高兴~高兴高兴　轻松~轻松轻松

热闹~热闹热闹　清醒~清醒清醒

但这种重叠式比较特殊,能进入这一格式的形容词一般具有更强的谓词性,常可看作动词和形容词的兼类词,见例(3)—(6)。例(6)这样的形容词及其ABAB重叠式后还可再带宾语。需要说明的是,汉语的形容词整体上具有谓词性,主要表现在能和动词一样充当谓语,因而与动词合称为"谓词"。此处"更强的谓词性"是指这部分形容词不仅能够充当谓语,还有其他表现,能够体现更高程度的谓词性。

(3) 今年村里通了有线电视,信号比以前好多了,电视小了看起来不过瘾,换个大点的全家<u>高兴高兴</u>。(《人民日报》2004年)

(4) 平日都是父母为我们做饭,我想让他们也<u>轻松轻松</u>,享受一顿属于他们自己的"烛光晚餐"。(《人民日报》2013年)

(5) 同学好久不见,见了面自然要<u>热闹热闹</u>。(《人民日报》2001年)

(6) 今天的比赛也算是让队员们<u>清醒清醒</u>头脑。(《人民日报》2002年)

但更多的性质形容词是无法重叠的,如例(7)。

(7) 博学~*博博学学~*博学博学

生动~*生生动动~*生动生动

幸福~*幸幸福福~*幸福幸福

炽热~*炽炽热热~*炽热炽热

如果强行重叠,听来则十分别扭,如例(8)的"*愉愉快快"。

(8) (祝大家轻轻松松)愉愉快快地度过周末。(《正大综艺》201期)

但我们发现,网络用语中,个别原本无法重叠的双音节性质形容词有了重叠用法,典型例子是"可爱~可可爱爱"。"可可爱爱"可出现在谓语、定语、状语、补语等位置,修饰人、事、物。

"可爱"重叠为"可可爱爱"并不违反原有的语法规则,而是在合理范围内有所拓宽。

在北京语言大学 BCC 语料库收录的 10 条结果中,除一例来自琼瑶小说外,其余均源自微博、外国小说译本、网络小说。

(9) 今天又去汶莱了、这次聪明点了、打扮<u>可可爱爱</u>、活活泼泼 200 的积分等我去拿!(微博)

(10) 她笑着拉过我的手臂,把脸靠过来,<u>可可爱爱</u>地说了声:"哥!"(凯子《挪威森林记》)

(11) 我还记得那个时候的你,<u>可可爱爱</u>的。现在大概是不能用可爱两个字来形容你了。(骆玟《纯属虚构》)

(12) 我家孕妇来了还是<u>可可爱爱</u>的样子。(微博)

(13) 每人做出来的都不同,按自己的想法把自己的姜饼屋打扮得漂漂亮亮、<u>可可爱爱</u>!(微博)

北京大学 CCL 语料库中也仅见 2 个网络用例(另有 1 例为网名,暂时排除)。

(14) 我经过正统的西文字体设计训练,所以并没有认同 Kodansha 那种方方圆圆、<u>可可爱爱</u>的亚洲美学。(CCL\2010s\201x\网络语料\微信公众号\Wechat_088.txt)

(15) 小巫婆,圣诞节又要到了,我有祝福给你,希望你不要再笨了呆了,要<u>可可爱爱</u>的哦。(CCL\2010s\201x\网络语料\社区问答\baike_001.txt)

由此可见,性质形容词"可爱"重叠为"可可爱爱"虽有一定的接受度,但尚未获得公认。同时,"可可爱爱"几乎是"可×"类词重叠的孤例。这可能是"可×"类词的词义与构词方式造成的限制。

第一,"可"是助动词,表示值得,有表示被动的作用(《现代汉语词典》第 7 版),在构词中不承担实际的理性意义。因此,

"可×"不像"干净、清楚、舒服、高兴、明白、大方、老实、整齐"那样容易进入 AABB 重叠格式。

第二,实际用例中,我们见不到例(16)所示的重叠形式。

(16) ＊可可恶恶　　＊可可笑笑　　＊可可疑疑

朱德熙先生在《语法修辞讲义》中指出,单音节形容词重叠后,如果充当定语或谓语,可以表示喜爱、亲热等感情色彩。朱先生所举的例子虽没有涉及"坏字眼"的,但事实上,一些"坏字眼",如"坏、丑、臭、怪、穷、乱、破、脏、旧"等重叠后也可以表示喜爱、亲热。例(17)—(20)是我们找到的实际用例,"坏坏的""丑丑的""乱乱的""脏脏的"所修饰的对象都是人们或喜爱,或亲昵,或依赖,或欣赏的人事物。

(17) 前不久,在扬州瘦西湖,见有穿着印花蓝布的女子,挽着篮子,在兜售新采下来的菱角。那些菱角,犄角相抵,似乎带着一种坏坏的笑,在朝每一个感兴趣的人龇牙咧嘴。白居易曾唤菱角为"青角",这些"青面獠牙"的小东西着实惹人喜爱……(《人民日报》2017 年)

(18) 刘梅坐在床上,脸上露出了慈祥的微笑,准备接受这个丑丑的洋娃娃作为儿子的礼物。(CCL\2000s\2006\电视电影\文艺\2006 臧里_李建宏_李智 家有儿女.txt)

(19) 父亲拎着一只银灰色的密码箱,脸色很难看,头发乱乱的。(《人民日报》2000 年)

(20) 他说生活真正的美好就在于农民的手、工人脏脏的制服、军人的脚,这些才是最美丽的。(《人民日报》2012 年)

双音节形容词的重叠虽然不像单音节形容词一样在情感色彩方面有严格限制,但如第一点所述,"可×"类形容词的"可"不承担实际的理性意义,因此整体上似乎也受到上述的情感色彩限制。即使其他"可×"类词未来真的出现这类重叠,相信也只限于"嗔怪"或"似贬实褒"的场景中。

第三,实际用例中,我们也见不到例(21)所示的重叠形式。

(21) *可可靠靠 *可可信信

传统双音节形容词的重叠式出现在定语或谓语位置上时,通常表示程度减弱。这样一来,例(21)所示的重叠在表意上就有悖常理:到底是想说某人可靠还是不可靠,可信还是不可信呢? 因此,这样的重叠也不存在。

上述第二、三点看似有所冲突,但在解释"可×"类词的重叠问题时又能"兼容"。因为"可×"类词本没有重叠形式,"可爱"的重叠属于超常规的扩展用法。同时,"可"并不承担实际的概念意义,单音节形容词和双音节形容词的重叠规则都可能对"可×"类词产生作用。

"私自下班"

近日,"私自"文学在各社交平台成为热门话题。其来源是一位网友在加班两个小时后,没有和领导打招呼就离开公司,被怒发冲冠的领导定性为"私自下班"。有一条网络辣评表示:"突然觉得'私自'这俩字好陌生"。

此处"私自"之所以显得如此"陌生",是因为这一副词本身有着鲜明的语义特征和特定的使用环境:一般用在动词前,表示自己进行,不通过有关部门或群众,有不合法纪或规章制度的意思(《现代汉语八百词(增订本)》)。这即是说,与"私自"搭配时,相关动词性成分所述的事件一般会具有或获得以下两个重要的语义特征:①[+不公开],②[+不合程序/法规],如例(1)—(3)。

(1) 去年,该市某村村委会主任私自将村里的苇塘低价承包给个人,引起群众不满。(《人民日报》2000年)

(2) 中国国家足球队守门员区楚良因违反队规私自前往北京而被国家队除名。(《人民日报》2000年)

(3) 一些中小学教师把偷看学生信件当成了掌握学生思想动态的一条重要渠道,因而对学生来信格外重视,常常不经学生本人同意就私自拆看。(《人民日报》2000年)

《八百词》还将"私下"和"私自"两个词条放在一起对照,指出"不合法纪或规章制度"是"私自"有别于"私下"的语义内容,"私下"没有这一意味。邵敬敏先生也比较过这对副词,指出二者因上述语义差异生发出感情褒贬的差异:当句义中性甚至褒义时,只能用"私下"而不能用"私自";反之,如果有贬义而行为其实是公开的,也只能用"私自"而不能用"私下",如例(4)(5)(引自邵敬敏《汉语语法的多维研究》)。

(4) 雁鹅未经同意私自(/[*]私下)闯进主人的卧室。

(5) 父亲私下(/[*]私自)给我一笔钱表示支持。

由此可见,上述两个语义特征中,[+不合程序/法规]是"私自"的核心特征。

总的来看,例(1)—(3)中,"低价承包给个人""前往北京""拆看"这些动作行为本是中性的,在特定背景下也确有可能违反规定或法纪,但并不总是如此。而一旦受"私自"修饰,这些行为就明确地定了性。同理,例(5)"给我一笔钱"这一行为本身是中性的,但结合整句来看,说话人是对父亲心怀感激的,因此不能用贬义的"私自"。而例(4)"闯进卧室"则有所不同。动词"闯"已经点明这一行动必然是大张旗鼓、毫不遮掩的(否则应该用"潜"等),但由于是"未经同意"的,因而只能用"私自"。

回到"私自下班"这个新兴表达。从规范角度看,这种搭配显然不能成立。但结合具体语境,这种"超常规搭配"反而成了一种语言创新。

与例(1)—(5)中的事件或行为不同,"下班"是结束工作的正常步骤,违法乱纪的可能性不大。当然有读者可能会说,"私自下班"可以理解为"私自离开工作岗位",那就可以找出不少类似的用例,如例(6)(7)。

(6) 沈阳一所大学开除了两名非典期间私自离校的学生,引发了有关责任与义务、该严厉还是应宽容等种种议论。(《人民日报》2003年)

(7) 荷兰射手范尼斯特鲁伊并没有获得首发的机会,他一气之下私自离开球场。(CCL\2000s\2006\网络语料\网页\2006

Author C000014.txt）

但"私自下班"的这位网友离开公司的时间是完成两小时的额外工作之后,不应再违反什么规章制度了。

更重要的是,"私自"文学产生了新的人际互动意味。如上所述,"私自"的语义特征中,[+不合程序/法规]是其核心特征。这即是说,以法律、制度、规章为权威来判断人们的行为是否得当。而"私自"文学的不同之处在于,它偷梁换柱,改将某些个人或群体视作高权威。"私自下班"中,老板将自己视作权威,要求员工认清这一点并且服从,是职场矛盾甚至"霸凌"的体现。

网络语料中还有例(8)(9)这样的用法,进一步扩展了"私自"的搭配范围。

(8) 学校凭什么私自开学啊?

(9) 网友 A 评论:我笑吐了。

网友 B 回复:你凭什么私自笑吐了?

在说"私自开学"时,学生玩笑式地将自己视作权威;在说"私自笑吐了"时,网友 B 同样玩笑式地将自己视作权威。后者的表现尤为典型:"笑"属于面部表情,反映个人情绪或心理状态,完全属于私人领域,更无程序甚至法规的限制。将"开学"甚至"笑"这样的成分与"私自"搭配,是网友对"私自"文学背后所反映出的人际关系中的不平等甚至"霸凌"因素的解构与调侃。

总的来看,"私自"文学因"私自"的超常搭配而产生极富调侃和讽刺意味的效果,给不同身份的网友群体带来了宣泄压力、倾诉烦恼、调侃讽刺的新灵感。

万物"自由"

近几年,网络上出现了一种新的表达——"××自由",常与动词"实现"搭配,构成动宾结构,如例(1)—(3)。

(1) 男、女、×? 德国人实现"性别自由"! 他人无权干涉,自行克服不适!(微信公众号"欧时大参"2024-04-14)

(2) "公园20分钟效应"爆火,江门实现"公园自由"!(微信公众号"侨都生活圈"2024-04-17)

(3) 如何实现情绪自由?(微信公众号"北京大学第六医院"2023-05-06)

"自由"是一个形容词和名词的兼类词。作形容词时,义为"不受拘束;不受限制",多充当状语,如"自由参加、自由发表意见";作名词时,义为"在法律规定的范围内,随自己意志活动的权利",如"人身自由"(《现代汉语词典》第7版)。

"××自由"中,"自由"作名词,意义基本不变,但搭配范围大幅扩展,常见的包括以下几类。

第一,涉及社会生活的,如:

财务自由、珠宝自由、穿衣自由、头像自由、运动自由、露营自由、养老自由、读书自由……

"财务自由"指拥有足够的经济资源和管理能力,使个人能够不依赖工作收入而维持所追求的生活方式;"珠宝自由"指能够自由购买或佩戴珠宝,无经济压力或其他社会因素的限制;"穿衣自由"指个人在服装选择上有完全的自主权,可以按照自己的喜好和风格搭配和展示;"头像自由"指在社交媒体等各类网络平台上,个人可以自由选择和更换自己的头像,不受限地展现风格和个性。

第二,涉及口腹之欲的,如:

车厘子自由、大闸蟹自由、榴莲自由、海鲜自由、蔬菜自由、秋梨自由、龙眼自由、西瓜自由、荔枝自由、桑葚自由、雪糕自由、杨梅自由……

这类"自由"指能够不受拘束地购买和享用这些价格较高或具有明显时令性的食物。

第三,涉及生活硬件的,如:

热水自由、氧气自由……

这类"自由"指能够突破艰苦的客观条件限制,获得生活基本物资。

上述"自由"是一目了然的,此外还有需要搭配上下文语境理解的,如例(4)—(7)。

(4) "一墩难求"? 不存在的,这些人已经实现了"墩墩自由"……(微信公众号"共青团中央"2022-02-08)

(5) 大学生们,真的希望大家都可以实现"性格自由"!(微信公众号"林夕的成长小屋"2024-04-22)

(6) 五部加装电梯同时交付! 皇宫花园小区实现"电梯自由"……(微信公众号"今日生活"2023-12-10)

(7) 教师手记 | 如果孩子在幼儿园里不能实现"大便自由",我们的教育能说是成功的吗……(微信公众号"中华女子学院附属实验幼儿园"2022-03-23)

例(4)的"墩墩"指北京冬奥会吉祥物"冰墩墩",实现"墩墩自由"的方式是自己动手制作;例(5)的"性格自由"指能够自由地在人前展示自己真实的性格,所强调的是无需隐藏自我;例

（6）"电梯自由"特指通过加装电梯解放双腿，而不再被楼梯困住。例（7）尤其典型，指孩子们在幼儿园里可以不因不小心将大便解在裤子上而担惊受怕，而不解读为孩子们能够在园中自由上厕所。但若场景转移到小学甚至中学的课堂，"大便自由"就更可能理解为学生们在特殊情况下可以离开课堂解手，而无需受过于严苛的课堂纪律约束。

"××自由"的基本语义是，能够在某方面不受自然条件、生理条件或社会文化条件的限制，不受拘束地获得各类资源，或能够自由选择、自由使用、自由表达，强调个体在相关活动中的自主选择权。

"××"以名词性成分为主，少数例子中也有由动词或动名兼类词充当的，但都指某一复杂事件、活动或状态。同时，"××"也有了进一步的扩展，如例（8）。

（8）嗯自由　呵呵自由　有点忙自由　想见再约自由（微信公众号"花事小主"2019－06－06）

这里"××"都不是名词，也不是动词或动名兼类词："嗯"是表示肯定的叹词，"呵呵"是模拟笑声的拟声词，"有点忙"是表示拒绝的话语内容，"想见再约"是一种社交态度的简洁概括。在当代网络社交"礼仪"中，"嗯""呵呵"都是"不礼貌用语"。不是因为它们本身多么粗鲁或不文明，而是因为网络用语时刻都在进行语义"漂白"。在此过程中，这些表达就逐渐地被"网上冲浪"达人视作情感淡漠、不够合群甚至阴阳怪气的标识。"有点忙"和"想见再约"则代表了当代年轻人希望打破面子的束缚，拒绝无效社交的态度。"财务自由""车厘子自由"等都与具体对象及相关活动有关，而"嗯自由""呵呵自由"等则与话语内容本身有关，相比之下，后者对个人发展和精神世界的重视更为强烈。

随着社会的不断发展，人们面对各种新的事物和概念，不断产生各种新的需求，也更加重视自主选择的权利。语言也在适应这些变化，成为人们强调个人身份或选择生活方式的重要表达工具。如何更经济地用语言传达这些诉求？善用已有材料，扩展原本的搭配范围，用熟悉的表达方式传达新的理念和思考就是一个很好的选择。"自由"一词的搭配扩展就是其中一个典型个案。

另外我们也注意到，"××自由"在营销文案和媒体传播中的使用频率更高，这可能是因为"××自由"在形式上更像一种口号甚至呐喊，可以为宣传增加亮点，提升产品或服务的吸引力，也就自然地成为了自媒体商业化时代的一个得力工具。

不能说有点道理,只能说令人信服
——当"小"转折遇上"大"否定

近来,网络上开始流行这样一种非典型的关联词组用法,如例(1)—(5)所示。

(1) <u>不能</u>说一模一样,<u>至少</u>毫不相干。(https://www.douban.com/group/topic/195881779/)

(2) <u>不能</u>说一模一样,<u>只能</u>说毫不相干。(微博2021 - 07 - 17)

(3) <u>不能</u>说毫无关系/毫不相干,<u>只能</u>说一模一样。(微博2021 - 07 - 17)

(4) <u>不能</u>说十分相似,<u>只能</u>说一模一样。(微博2021 - 07 - 14)

(5) <u>不能</u>说完全一致,<u>只能</u>说一模一样。(微博2021 - 07 - 17)

仅同一天发布的微博内容中就有许多相关结果,足可证明其流行度。网友评论这类表达存在"反差感",让人"没想到"。我们认为,这是因为其违反了否定语义的原型特征。

否定可分为质的否定和量的否定。质的否定是否认事物的存在或否认事件的发生,即否定性质上的规定性,语义含义是"无"。量的否定是否认事物或事件在数量上的规定性,语义含义是"少于"。量的否定在实际应用中有时也会产生"多于"的含义,但只是在语境中临时产生的语用意义(对否定义的讨论主要参考戴耀晶《否定关系与反义关系》),如例(6)的答句 b。

(6) ——这杯水还是温的吗?

——a. 不,已经凉了。   b. 不,是非常热!

"不能……只能……"这类流行用法及其特殊的语用效果，其实质就是产生了"多于"含义的量的否定。这类用法的语用效果主要通过以下手段实现：一方面，使用具有转折性的关联词组；另一方面，在前后小句的关联词后分别使用至少在某一语义场中产生对比性的词项。同时，关联词和词义词项虽然都有否定量和肯定量的对比，但两种对比方向相反，造成非常规的量的否定的效果。

具体来看，这类用法中最常见的关联词组主要有以下两对："不能……只能……""（虽然）不能……至少……"。这两对关联词组的原型语义要求相似：要求"只能、至少"后带的成分在量上少于"不能"后所带的成分，即表达常规的"量的否定"，如例（7）。

（7）不能说一模一样，至少/只能说有几分相似。

而实际用例中，关联词组的原型语义要求（常规的量的否定）得不到满足。具体来看，前一小句和后一小句的语义关系有几种不同组合：例（1）（2）（3）不是量的否定，而是质的否定；例（4）非但不转向更小的量，反而转向更大的量；例（5）相对特殊——转向等同的量。"完全一致"和"一模一样"看似同义反复，实际上起到了强调作用。这三类情况都不属于常规的量的否定。需要说明的是，前后小句中，关联词后的成分在内容上不能毫无关联，应在至少一个语义场中具有对比性，可进行量级分析。如例（1）—（5）都是以"相似性"为核心进行的量级比较。

这组新用法的效果主要产生于语言形式和内容的"错配"：转折性关联词原本要求前后小句之间存在常规的量的否定，但具体使用中，这一要求得不到满足，违反语言使用者对关联词组所表达的逻辑关系的预期，具有"反预期"的效果。

"反预期"这个术语通常指事态的发展不符合说话人原本的期待，或不符合现实世界的真实性和合理性（可参看陈振宇《汉语的指称与命题》）。最终是否会产生反预期效果，与事件、参与者、事理逻辑等有着具体联系。本篇所讨论的"不能……只能……""不能……至少……"，是通过表达形式与内容的"错配"造成反预期效果的。这种反预期效果不会随着句子具体内容的变化而变化，可以算是一种"元反预期"。

新兴词缀/语缀"子"：用法扩张与限制

近段时间,网络上流行着一个新兴后缀"子",常见例子有："绝绝子、不错子、无语子(包括谐音的'乌鱼子')、好笑子、伤心子、可爱子"。

(1) 手机不错子,棠姐好笑子,总而言之,这一期喜欢子。(微博 2020 - 07 - 13)

"子"还有进一步的新用法,可加在动词、短语甚至句子后,不再用于构词,而仅作为具有一定语气功能的语缀,如例(2)(3)。有时,"子"所黏附的成分难以明确地分析出来。

(2) 就好烦,现在有点点想哭子。(微博 2021 - 04 - 12)

(3) 不想工作子,想出去玩子。(微博 2021 - 03 - 30)

"子"是现代汉语中为数不多的词缀之一,加在名词、动词、形容词性成分后,构成名词(《现代汉语八百词》)。"子"的新用法已经大大突破了传统,我们尝试进行梳理。

搜索网络痕迹发现,在综艺节目《青春有你 2》热播时,"子"作为具有新用法的名词词缀开始流行:将选手名字缩写为"××子"以表达欣赏和喜爱,例如选手刘雨昕、虞书欣、赵小棠分别被称为"昕昕子、欣欣子、棠棠子"。

新名词词缀"子"的用法与传统用法有两大差异。

第一,语音上,新名词词缀"子"需重读,传统名词词缀则轻读;第二,充当爱称标记的功能上,二者也有不同。现代汉语的后缀"子"和"儿"都可用于小称。尽管小称和爱称常有交错,但普通话中，只有"儿"明确发展为爱称标记，"子"并无明显的可爱义。这其实受到了具体方言系统整体分工的影响和制约。语义认知上，"子"与"亲子"等语义有关，有充当爱称标记的基础。跨方言来看，"子"确实在部分方言中可用作爱称标记。

新词缀"子"又发展为形容词词缀。其中较为典型的是"绝绝子"，表示"……绝了"。腾讯官方较早地使用了"绝绝子"这一说法，使之获得较高的网络搜索热度。《人民日报》的官方微博也使用了这一说法，如例(4)。

(4) **绝绝子**！千年古盐田如大地眼影盘。（微博 2021 - 04 - 22）

此后，"A 子"（"A"代表形容词）流行开来。典型的"A 子"中，A 应为双音节成分，如例(5)a。单音节形容词进入"A 子"时，首先需要重叠，如例(5)b。这种情况中，"A 子"也会因此获得形容词重叠式的功能，带有一定的程度意味。

(5) a. 无语子　好看子　伤心子

b. 绝绝子(≈真绝)　累累子(≈好累)

A 也可以是多音节成分，如"莫名其妙子"等。

总的来看，"A 子"的主要功能是评价。

首先，"A 子"可构造独词感叹句。独词感叹句是由单个的词加上语调构成的感叹句(《现代汉语描写语法》)。独词感叹句一般是评价性的，直接表明说话人的思想感情，有的是赞叹，有的是反感。"A 子"构成的独词感叹句也不例外。同时也可加上"真是"等加深程度的成分。构成独词感叹句的形容词一般是表达主观量的性质形容词，表达说话人的主观感受，同时应具有口语色彩(《现代汉语描写语法》)。常见的"A 子"都符合这些要求。如例(6)。

(6) （真是)绝绝子！　（真是)好看子！

（真是）无语子！ （真是）伤心子！

第二，并非所有"A 子"都可表达主体感受或表示对象变化的情况。只有 A 具有相关语义，"A 子"才有此功能。这可通过与"让人"的搭配测试，见例(7)。

(7) *让人绝绝子！ *让人好看子！

让人无语子！ 让人伤心子！

第三，"A 子"一般只能与"有点儿"搭配，而不能与"一点儿"搭配。一般地，副词"有点儿"表示程度不高，多用于不如意的事情，一般用于评价。而"一点儿"表示数量少而不确定，可在形容词后作补语，表示程度轻(《现代汉语八百词(增订本)》)，可用于评价、描述、比较等。

(8) a. 有点儿无语子。 b. *无语子一点儿。

(9) a. 有点儿好看子。 b. *好看子一点儿。

(10) a. 有点儿伤心子。 b. *伤心子一点儿。

而且，"子"产生了更新的用法：一部分"子"是黏附在短语甚至整个句子上的语缀，可表达语气。例(11)中，"子"可能是黏附在"休息"上的，也可能是黏附在整个句子上的，但我们更倾向于后者，因为若是前者，"继续死磕"也更应该黏附着"子"(但不绝对，可以类比"呢"的情况)。而例(12)中，"子"黏附在"加油工作"上，表达语气，与"呀"类似，而不能理解为黏附在"工作"上，表达"打工人"的意思。

(11) 当学习效率低下的时候，该继续死磕还是休息子？(微博 2021－04－05)

(12) 明天就是新的一天！加油工作子！(微博 2021－04－06)

我们还在真实语料中发现了每句话末尾都带"子"的例子，此时的"子"更是一个难以分析具体语气的语气词，但可以肯定的是能够使表达更为口语化。

总的来看,"子"的新兴词缀/语缀用法看似不受限制、蓬勃发展,实际上仍受汉语语法规则的制约。

第一,能够进入"A 子"的形容词一般是具有口语色彩的、表达主观量的性质形容词。实际语料中的"A 子"都符合这一要求,这是母语者的心理感知和强大语感决定的。

第二,汉语的特点是语缀多而真正的词缀较少(可参看徐杰《词缀少但语缀多:汉语语法特点的重新概括》)。虽然"子"常被认为是汉语中为数不多的、真正的词缀,但汉语的"词缀"和"语缀"没有完全分明的事实界线,有着功能扩展的基础。语义上,名词词缀"子"已相当虚化,一般较难逆转。但句法位置上,一旦重新"泛化","子"就可能黏附于各级各类语法单位:词根语素、词、短语甚至句子。

第三,语缀"子"常用于表达语气。这与汉语本就旺盛的感情表达需求、庞大的语气词系统密切相关。

我们并不担心"子"的泛化使用会突破语言规范的底线,这种潮流可能在短时间内就会平息。也有相当一部分人在网络上表示反感这类泛化用法。理由也正如我们所分析的,"子"的发展看似不受制约,却始终受到汉语母语者语言使用心理界线的隐形限制。

阴阳怪气的"呢"

网络购物已成为现代人最常选用的购物方式之一。在网购过程中,消费者难免需要和商家、客服打交道。我们注意到,社交媒体上经常有在商家那里受气的消费者发布吐槽帖子,有很大一部分是"哭诉"客服话术的阴阳怪气。例(1)是我们从微博和身边人的网购经历中摘录的常见客服用语。

(1) 会尽快呢。 亲,已经给您发了呢。

我们是江苏南通发货呢。 知道/明白呢。

这些话语内容看似正常,但听来却容易让人觉得气不打一处来。我们认为这与句末的语气词"呢"有关。吕叔湘先生在《中国文法要略》中已指出,"呢"可以表达"指示而兼铺张"的语气。《现代汉语八百词》指出"呢"的作用是"指明事实而略带夸张",如我们摘录的例(2)—例(4),逐例从重指明事实逐渐到重表达夸张。

(2) 这塘里的鱼可大呢。 今天可冷呢。

王府井可热闹呢。

(3) 我倒没什么,你们才辛苦呢。

晚场电影八点才开始呢。

(4) 他还会作诗呢。

亏你还是个大学生呢,连这个都不懂。

"呢"的语义解读和语用效果在与语气词"的"的对比中更容易明确。多数学者认为"的"偏于肯定事实,"呢"偏于申明事实;"的"只表明说话人的肯定态度,"呢"还作用于听话人。如吕叔湘先生所说,"的"字是说事实确凿,毫无疑问,"呢"字是说事实显然,一望而知;"的"字偏于表自信之坚实,"呢"字偏于叫人信服(可参考史金生《从持续到申明:传信语气词"呢"的功能及其语法化机制》)。唐正大(《了然于心·意料之中·出乎预料——句末"的"的语气词功能及其与"呢"之比较》)进一步讨论了"呢"的语义语用解读:"呢"用于"过量确认",即提供超出预设的信息;"的"用于不过量确认,提供意料之中的信息。

由此观之,当顾客提问如例(5)时,答句例(6)是中性的,例(7)则易使人不悦,不悦的来源正是语气词"呢"。

(5) 顾客:什么时候发货?

(6) 客服:a. 4 点前下单的今天发货,4 点后下单的明天发货<u>的</u>。　b. 会尽快<u>的</u>。

(7) 客服:a. 4 点前下单的今天发货,4 点后下单的明天发货<u>呢</u>。　b. 会尽快<u>呢</u>。

当提问如例(5)时,客服如实、详细告知发货时间是顾客预期的回答,如例(6)(7)的 a 句;b 句则是信息量低于预期的回答。如上所引研究显示,"呢"主要在语义上产生过量确认的解读,在语用上着重申明事实,并对听话人产生作用。即便是完全在预期中的回答都不宜搭配语气词"呢",低于预期的回答则更不宜搭配语气词"呢"。越低于预期,语气词"呢"越容易造成心理上的不适感。明明是无需夸张的事实,使用"呢"就成为了夸张的表达,造成了戏剧效果,也产生了语用推理的空间。这些句子往往可以补上后半句。而使用"的",一般不会产生同样的语用推理,如例(8)—例(11)。

(8) a. 会尽快呢(,催什么催)。　b. 会尽快的。

(9) a. 亲,已经给您发了呢(,催什么催)。　b. 亲,已经给您发了的。

（10）a. 我们是江苏南通发货呢(,物流更新你不就知道了吗)。 b. 我们是江苏南通发货的。

（11）a. 知道/明白呢(,不用反复对着我强调)。b. 知道/明白的。

此外，"呢"可以在疑问句(特指问、选择问、正反问)的末尾表达"提醒"和"深究"语气，如例(12)。这也从另一个角度证实了"呢"的主要作用之一是说话人对听话人施加影响。

（12）这个道理在哪儿呢？

你学提琴呢,还是学钢琴呢？

你们劳动力够不够呢？

综上，在话语中滥用"呢"会造成"不值得夸张却夸张，不值得过量却过量"的效果，令人不快。但我们也看到，一部分商家和客服矫枉过正，反而滥用起"的"来，甚至把"的"当成万能语气词来用，如例(13)三个划线的"的"，实际上只有②是勉强可以加的。

（13）这边马上为您核实①的，可能需要3—5分钟的时间②的，还请稍等一下③的。

新兴产业的出现和发展自然会带动自身的一套话语体系。但这套体系终究应服务于产业自身的正面需求。所谓"工欲善其事,必先利其器"，遵循汉语自身的规则和特点，才可能将这套体系更好地发展起来。

"×不了一点"

近来,网络上出现了一种新兴表达——"×不了一点",基本构造是"单音节动词/形容词+不了一点",例(1)—(8)是单音节动词的例子,例(9)—(12)是单音节形容词的例子。

(1) 永康4人组团上演现实版"偷菜游戏"！菜农:<u>忍</u>不了一点……(微信公众号"永康公安"2023 - 12 - 16)

(2) 痛痛痛,<u>练</u>不了一点了……(微信公众号"火灾科学国家重点实验室研究生"2024 - 01 - 31)

(3) 此刻的我,<u>睡</u>不了一点。(微博2024 - 05 - 01,发布时间凌晨1:11)

(4) 我现在走路像企鹅,左肩的肩关<u>节</u>动不了一点。(微博2024 - 05 - 02)

(5) 没有碳水<u>活</u>不了一点,实实在在的中国胃。(微博2024 - 05 - 02)

(6) 马立奥这个作业是<u>写</u>不了一点了。(微博2024 - 03 - 27)

(7) 这期的笑点全是你们贡献的,恋爱是<u>谈</u>不了一点了。(微博2024 - 04 - 27)

(8) 长城<u>爬</u>不了一点,其实是坐缆车上去的。(微博2024 - 05 - 02)

(9) 剧本故事不错,视觉机制很酷喜欢,边回忆边写了2千字真是<u>短</u>不了一点儿啊。(微博2023 - 07 - 08)

(10) 热爱甜食但嘴<u>甜</u>不了一点的毒舌霸总徐斯。(微博

2023 – 11 – 02)

(11) 今日小雪,岳阳:冷不了一点……(微信公众号"岳阳晚报社"2023 – 11 – 22)

(12) 这个夏天热不了一点。(微博 2024 – 04 – 10)

当×是动词时,根据"×不了一点"是否可带宾语,还应有所区分。例(1)—(5)是不再带宾语的例子,例(6)—(8)是可再带宾语的例子,且宾语需提前为句子的话题:"作业"是"写"的宾语,"恋爱"是"谈"的宾语,"长城"是"爬"的宾语。

本篇将从×的形式、"×不了一点"结构的构造及其语义功能、结构的表达效果三个角度进行分析。

第一,从×的形式来看,除基本构造中的单音节动词/形容词外,×也可以是双音节及以上的动词性成分、形容词性成分甚至名词性成分,例(13)—(15)是动词性成分的例子,例(16)是形容词性成分的例子,例(17)(18)是名词性成分的例子。

(13) 都要再读完一次大学的时间了,感觉还没能完全毕业。这社会是踏入不了一点了。(微博 2024 – 05 – 02)

(14) 在老北京的胡同里,精神内耗不了一点儿。(微信公众号"首都图书馆"2024 – 02 – 22)

(15) 今天也清心寡欲不了一点,试试传说中的奶油火鸡面。(微博 2023 – 09 – 15)

(16) 我太会买东西了且毛病多,真的不需要在东西上给我惊喜,惊喜不了一点。(微博 2024 – 05 – 02)

(17) 当代网友恋爱脑不了一点。(微博 2024 – 04 – 19)

(18) 今儿我努力读书,我实在是健康饮食不了一点!(微博 2023 – 11 – 30)

但我们同时发现,多于一个音节的×常"屈服"于这一构式的基本构造,变成单音节成分。如例(19)的"寡"是从"清心寡欲"中来的,试与例(15)比较。例(20)的"耗"是从"内耗"中来的,试与例(14)比较。

(19) 本来是<u>清心寡欲</u>的一天,结果看到鹿晗根本<u>寡</u>不了一点。(微博 2024 - 01 - 24)

(20) 我要长成这样绝不<u>内耗</u>,<u>耗</u>不了一点儿!(微博 2024 - 04 - 27)

第二,从"×不了一点"的整体构造来看,这一结构与"一点也×不了"有着较为整齐的变换关系。我们选取上文部分例子中的"×不了一点"结构进行变换测试(语义分析与判断也基于相应例子的上下文)。

忍不了一点	↔	一点也忍不了	↔	一点也**没办法**忍
练不了一点	↔	一点也练不了	↔	一点也**没办法**练
睡不了一点	↔	一点也睡不了	↔	一点也**没办法**睡
冷不了一点	↔	一点也冷不了	↔	一点也**没迹象**冷
精神内耗不了一点	↔	一点也精神内耗不了	↔	一点也**不可能**精神内耗
清心寡欲不了一点	↔	一点也清心寡欲不了	↔	一点也**不可能**清心寡欲
惊喜不了一点	↔	一点也惊喜不了	↔	一点也**不可能**惊喜
恋爱脑不了一点	↔	一点也恋爱脑不了	↔	一点也**不可能**恋爱脑

这组变换测试可以帮助我们发现"×不了一点"结构的构造重点。

其一,"×不了"是"×得了"的相对形式,二者均为述补结构中可能补语的构造形式。也有学者认为可能补语实际上是结果补语的"可能式",表示结果是否真正产生或出现的不同可能性:"×得了"表示正面的可能性,"×不了"表示反面的可能性。因此,这一结构所要表达的第一重意义是"某事不会实现或没有实现的可能性"。

其二,从变换测试的第二列来看,"×不了一点"可以整齐地变换为"一点也×不了"。后者有明确的结构意义,即通过对最小量的否定表示对某一对象或事件的彻底否定。二者均基于"×不了"进一步强调"无法实现"的绝对性,这也是这一结构所要表达的第二重意义。至于为什么要将"一点也×不了"的语义以"×不了一点"的形式来表现,与该结构意图实现的表达效果有关,详见下文。

其三,从变换测试的第三列来看,"×不了"实际上有三种对应形式。①没办法×,表示即使主观上有意愿×,客观条件也无法保证,即"想×也×不了"。②没迹象×,一般用于无明确主客观对立的情况,典型例子是天气变化等自然现象。当然,例(11)的"冷不了一点"在不同语境中也可表示人们主观上希望天气变化,但客观天气条件不允许的情况,这就更接近①了。③不可能×,强调主观意愿上不具备可能性,即"压根不愿意或不想×"。

总的来看,"×不了一点"表达"某事绝对不会实现"的意义。这一意义又可根据影响事态的主客观原因不同,进一步分为三个小类。这三个不同小类的语义用同一形式表达,充分体现了这一形式的表达效率。

第三,从表达效果来看,"×不了一点"结构也有独特之处。使用"×不了一点"结构一般都需配合上下文语境或相应的背景知识。一部分句子中,这类结构用于强调事态绝没有实现的可能性,如例(1)—(3)。但在实际应用中,这一结构更多地用于表达反预期意义,即事态发展偏离说话人的主观预期或偏离建立在生活常识之上的合理预期。如例(18)表达的是"原计划健康饮食,也以为自己能够做到,实践之后才发现根本做不到",偏离了说话人的主观预期。例(11)表达的是"今日小雪,按说天该冷了,但岳阳的天气是一点变冷的迹象都没有"。"今日小雪"提供的是关于天气的背景知识,而岳阳的气温趋势却偏离了生活常识。由于这一特殊的表达功能,"×不了一点"也常用于自嘲(或表示无奈)或反驳。

"我真的会谢"怪在哪里?

"网上冲浪"爱好者们一定已经注意到,各大社交平台近来流行着一种新鲜表达——"我真的会谢"。和以往的一些流行语不同,它是一个完整的句子,在篇章层面起作用,即在一段话的起始、末尾,表达言者对所述事件的负面情绪,如例(1)(2)。

(1) 我真的会谢,公交车都来了发现手机没带又回家拿手机。(微博 2022 - 04 - 28)

(2) 女主倒了八辈子血霉,我真的会谢。(微博 2022 - 05 - 06)

也可以在句子内部作用,常在话题成分后作述题,表达言者对话题的负面情绪,如例(3)。

(3) 蜜三刀我真的会谢,纯是糖油混合物,吃一口得打一针胰岛素。(微博 2022 - 05 - 08)

我们也见到"贬话褒说"的案例,如例(4),但这不是主流用法,不排除误用的可能性。

(4) 到底是谁发明的这个茄子焖面,我真的会谢。……真的不会腻。(微博 2022 - 04 - 28)

尽管这一用法正在迅速地流行开来,每天都被大量地用于各种吐槽,但作为母语者,我们仍能感受到其形式和表达多少有些"别扭"。这里尝试结合相关因素分析"我真的会谢"究竟"怪"在何处。

首先是语用方面的因素。感谢类动词属于施为动词,可以构造施为句。但"我真的会谢"不属于施为句,这是"别扭"

之一。

具体来看,"施为动词""施为句"这两个概念涉及经典的言语行为理论(Speech Act Theory)。这一理论最早由哲学家奥斯汀(J. L. Austin)提出,认为人们"说话"本身就是一种"行为",即"言语行为"。根据言语行为的不同类型,可以将句子分为表述句和施为句。表述句"以言指事、以言叙事",简单来说,就是叙述、描写、报道事实,传递信息。这类句子的具体内容受到逻辑关系或语义关系的限制,因而有真假之分;施为句"以言行事、以言施事",简单来说,就是实施某种行为,而非叙述、描写、报道事实,正因如此,一般没有真假之分,只有适当与不适当之分。施为句中出现的施为动词主要描述或命名说话人当下正在进行的言语行为,除"感谢"外,还有"宣布""警告""提醒"等。当说出"我(很)感谢……/我宣布……/我警告……/我提醒……"时,"感谢""宣布""警告""提醒"等行为就已发生了,如例(5)—(8)。这种明确包含施为动词的施为句被称为显性施为句。

(5) 我不认识你,但我谢谢你!(无偿献血公益广告)

(6) 我宣布,从今天开始,我要学习认字了。[CCL 语料库/《读者》(合订本)]

(7) 我警告你,每次买不许超过 10 块,……听见没有?(六六《蜗居》)

(8) 我提醒你,你这么下去很危险,搞的什么名堂么?(王朔《你不是一个俗人》)

除必须含有施为动词外,显性施为句还应符合以下三个条件:①是主动态的陈述句;②主语是第一人称单数;③使用一般现在时态。尽管汉语没有严格意义上的形态变化,无所谓"时态"(可参看本书第四章《"目前"和"将"真的冲突吗?》),但汉语施为句也有相应的要求,即不使用明示或暗示"非现在时间"或"非当下进行中的行为"的成分。

而"我真的会谢"中,"会"暗示句子描述的不是当下进行中的行为,不满足施为句的条件,而应视作表述句。

或许有人问,能否将"会"视作"我"对将来行为的宣告,而认为是一种承诺行为呢?答案是否定的。因为真正的承诺类施为动词能够通过"特此"这一副词检验,而"会"不能,如例(9)。

(9) 我特此承诺……　我特此宣誓……

我特此保证……　＊我特此会谢……

此外,语气副词"真的"用于肯定(或否定)"客观事实",语义相当于"确实",对客观情况的真实性表示肯定。这也说明"我真的会谢"是一个表述句。正如上文所说,施为句没有真假之分,没必要使用"真的""确实"这类副词。

可能会有人问:即使"我真的会谢"是表述句,又有什么奇怪呢?毕竟"感谢"类动词并不一定要出现在施为句中。确实如此。但如上文所述,"我真的会谢"只是违反了施为句四项构造条件的一项,是形式上最接近施为句的表述句。这种小小的偏离反而产生了一种"陌生化"效果,并且留下语用推理空间。形式上完全"不像"施为句的表述句则不会产生这样的语用推理空间。

其次是语义方面的因素,这也是更关键的一点。"会"引导的事件多是非现实的。语气副词"真的"又加强了这一语义特征。但这一特征与"我真的会谢"的实际使用场景矛盾。下面具体来看。

"真的会"一般用于非现实环境。我们在 CCL 语料库中搜索"真的会",得到 377 条结果,除去 118 条翻译作品语料、18 条无关项及 5 条重复项后,得到 236 个有效语料,包含四个类型:

①假设条件句 50 条(21%);②疑问句 108 条(46%);③纯推测句 16 条(7%);④陈述句 62 条(26%)。前三种类型中,"真的会"都关联非现实事件,如例(10)—(12)。

(10) 如果再来一次,我<u>真的会</u>死的。(古龙《圆月弯刀》)

(11) 我只是想问你,你<u>真的会</u>签离婚证书吗?(于晴《红苹果之恋》)

(12) 也许大宇宙<u>真的会</u>因为相差一个原子的质量而由封闭转为开放。(刘慈欣《三体》)

部分陈述句中,"真的会"与"怕、看起来、担心"等成分搭配。"怕、看起来、担心"表示事情不一定已经发生,或状况不一定已经成真(这类成分也被称为"非叙实成分")。而这些成分进一步与"真的会"搭配,则明确表示事情没有发生,状况没有成真。如例(13)—(15),"枫儿烧掉""来捷报""田亮开口向她求婚"都不是事实,至少尚未成为事实。

(13) 你是怕枫儿<u>真的会</u>烧掉。(海波《母亲与遗像》)

(14) 看起来<u>真的会</u>来捷报了。(姚雪垠《李自成》)

(15) 白莲担心田亮<u>真的会</u>开口向她求婚。(岑凯伦《合家欢》)

但是,以例(1)—(4)为代表的大批实际语料显示"我真的会谢"只能用于现实事件或状况。这里存在很明显的语义矛盾。

总的来看,上述一环扣一环的语用推理空间和语义矛盾是"我真的会谢"显得怪异和别扭的根本原因。另有一个次要原因:"谢谢"和"感谢"的"谢"一般不单用,只在一些相对固定的表达中单用,如例(16)。若非这类情况,"谢"单用起来多少有些别扭。

(16) 要谢就谢你自己,再有,谢你的大区经理陈丰吧。(李可《杜拉拉升职记》)

可以说,"我真的会谢"的话语效果是由其表达形式、内部语义矛盾及语用推理空间共同塑造的。这类表达不具有能产性,例如,无法基于同样的条件捧红"我确实会谢"。"我真的会谢"的走红"出圈"具有偶然性,再流行多久也全凭使用者的心情。当然,这也是大部分网络流行语的特征。

新话语标记"就是说"

近来,微博等平台出现了一种发展出了新功能的话语标记"就是说",如例(1)—(4)。

(1) <u>就是说</u>一看语法我就头疼。(微博 2022‑10‑12)

(2) <u>就是说</u>,北京的秋天是一个大消失的动作。(微博 2022‑10‑12)

(3) 咱<u>就是说</u>,这辈子跟校园爱情还有缘吗?(微博 2022‑10‑12)

(4) 被帅晕了<u>就是说</u>,陈伟霆的颜值真的太绝了。(微博 2022‑10‑12)

新话语标记"就是说"之新,主要表现在句法位置、逻辑语义及其相应的话语功能。

新"就是说"或位于句首,或位于句末,均与传统用法不同。传统"就是说"一般位于句子中间或篇章的上下文衔接处,用于解释说明前面的成分,促进理解,如例(5)(6)。

(5) 于是就出现了独立审计,就是说请另外一批独立的、公正的、有能力的人来检查一下管理者的工作并报告检查结果。(《让数字说话:审计,就这么简单》)

(6) 让我想起现在大家很开始慢慢慢慢提升的一个观念叫做:减法人生。就是说简单就是一切,越简单越好。(CCL\2010s\2010\口语\对话\2010_5_29 梁冬对话王东岳文字版_7.txt)

根据已有研究,传统话语标记"就是说"多见于自然会话,主要有四项功能,分别是:①确定话题,即明确后接名词性成分为话题;②解释说明,即标示后接内容是对前面话语语境意义的申明;③自我修正已说过的话语;④标记迟疑,即用于填补思维上的空白(史金生、胡晓萍《"就是"的话语标记功能及其语法化》等)。

新"就是说"的表现和功能可能与其所在的话语环境有关。新"就是说"所在语料多见于微博等社交平台或作为公众号推文的标题,是单向的表达和输出。虽是口头语体,却以书面形式产生,发布前可编辑、修改,不同于有来有往、即时生成的自然会话。因此,新"就是说"不用于自我修正或标记迟疑、填补空白(上述功能③④)。同时,新"就是说"所在的话语内容一般要求短小简练、吸引眼球,一般无相关的上下文内容,因此,不用于解释说明(对应上述功能②)。一个旁证是,"就是说"的"书面版本"——"即是说",多限于在篇章中使用(至少是逻辑相对严密的书面语体),用于解释前文、促进理解,就没有产生与"就是说"类似的新用法。

句首的新"就是说"看似具有传统"就是说"的功能①,但仍有不同。传统"就是说"位于句首时,一般后接名词性成分(话题)。其功能就是确定和标记话题。句首的新"就是说"后可以是话题(名词性成分)及其述题(说明),也可以是不凸显话题或没有完整话题结构的话语内容。其功能是标记言语行为,类似于"跟你说吧""听我讲"。只是新"就是说"与后接内容的相对独立性较弱,彼此之间可加逗号(非正式表达中也常用空格),也可不加逗号(或停顿),如例(1)(2)。其变体"咱就是说"的相对独立性增强,一般需后加逗号(停顿),如例(3)。句末的新"就是说"与话语内容的相对独立性最弱,与其前接内容之间一般不加停顿,如例(4)。

同时,新"就是说"的语义(或所标记的逻辑关系)也相应地发生改变。传统的"就是说"类似于"等号",逻辑上表示"等于/约等于";新"就是说"不表示"等于/约等于"关系,它既不关联被说明的对象,也不关联说明的内容,只标记言者单方面的表述。

表达效果上,句首的新"就是说"是具有强调作用的"发语词",提示说话者在话语中占据中心地位(类似于"那个""呃"甚至清嗓子),同时强调话语内容;句末的新"就是说"标记并强调言者的直述(即直接表达)行为,用于"总结陈词",类似于日语的"以上"。总的来看,在这一发展过程中,"就是说"由倾向客观说明的标记发展为倾向主观表达的标记。同时,由于说话人表述的内容多为评价、带有自我意识的观察或思考等,又加重了主观性倾向。

从语言普遍性角度来看,"就是说"含有言说类动词"说"。言说类动词及相关成分发展为话语标记这一过程十分常见。所谓"话语标记",简单来说,指在篇章中起衔接连贯作用的成分,而其本身又不是句子所表达的命题义的一部分。与言说类动词有关的话语标记包括普通话的"我告诉你、我/你说、别说、说是、……来说/说来、按理说、说实话"等,也包括粤/吴方言的"讲"及相关成分等。放眼世界语言,言说义动词也多与话语标记关系密切。

话语标记是语言表达中最为"鲜活"的成分之一。社交媒体等即时沟通、双向(多向)交流的平台又进一步引起了话语标记功能的快速发展与更新。我们期待更多的专项研究,也希望话语标记的新功能合理扩张,希望新的话语标记得到合理使用,避免"喧宾夺主",反而成为正常表达和交际的阻碍。

"真刑""核善""蒜你狠"……:新兴谐音构词

　　这几年,网络上出现了一种新兴谐音词,基于汉语的特点,具有创新性,体现一定的语言艺术,引起了我们的关注。如例(1)中的"真刑啊",是网友对弹弓打鸟视频的评论,用同音的"刑"替换了"行",非但不是表扬,反而是对违法或不道德活动的批判。

　　(1) 你小子离这么远都能百发百中,<u>真刑啊</u>。(微博 2023 - 02 - 25)

　　现在,"真刑啊"也可用于日常生活中的调侃,或提示可能引致消极后果的一般事件。

　　这类表达可以关联到已多有讨论的谐音构词现象,但二者又有所不同。上例实际上涉及词平面以上的问题,严格来说不能称为谐音构词,而应称为利用谐音构造的新兴表达。为讨论方便起见,可以统称为"谐音构词"。

　　已有研究多将谐音构词现象分为三种类型:纯汉字谐音、外语单词谐音、数字谐音。我们讨论的是纯汉字谐音的问题。徐云峰、郭晓敏《网言网语》将与汉字相关的谐音构词细致地分为六小类,对我们很有启发。但前三个小类的分类标准略有些模糊,造成结果不甚清晰。这三类分别是:第一,将错就错地输入产生的谐音词;第二,有意窜改字词意义产生的谐音词;第三,追求调侃、幽默效果产生的谐音词。之所以说三者有所纠缠,是因为为调侃而造的谐音词一般是有意窜改而成的,少数是将错就错的,二者必占其一。调侃或幽默则是有意窜改的主要动力之一,很难截然分开。

我们认为,可以根据"用于替换的谐音成分是否有意义"重新进行分类。"有意义"指的是新成分不仅音同或音近,还与原词义有关;"没有意义"指的是新成分只是音同或音近,而与原词义无关。

第一种情况:用于替换的谐音成分没有意义。将错就错的别字、有意改换的无意义新成分,可以归入这一类,例如:"斑竹"(版主)、"人参公鸡"(人身攻击)、"杯具"(悲剧)、"鸡冻"(激动)、"小盆友"(小朋友)、"油菜花"(有才华)、"笔芯"(比心)等。

这与智能拼音输入法的使用有一定关系。目前的计算机输入无法体现声调,而汉语的声调有着重要的区别意义的作用,如"妈、麻、马、骂"声、韵相同但声调不同,意义也完全不同,并使用不同的汉字记录。在只输入声、韵而不输入声调的情况下,候选音节的数量会大大增加。早年的输入法智能程度不高,多是机械地按照固定的声调顺序排列候选音节。当目标词位置靠后时,人们为了求快,有时会选择谐音词(相关讨论可参看白解红、王勇《网络词语的认知语义研究》)。上面所举的"斑竹"(版主)主要就是这一机制的产物。后来,输入法的智能程度不断提高,可以根据输入者的使用习惯排列候选项的位置,但仍会因为首选词的变化而造成"手快"输错的情况。此外,方言语音、求异心理等因素也起了很大的作用,这里就不一一分析具体例子了。总的来看,上述现象的共同点是其中用于替换的谐音成分都没有意义。

第二种情况:用于替换的谐音成分有意义。这种类型有各种不同的表达功能,最常见的是调侃或制造幽默的气氛,例如,"蒜(算)你狠""姜(将)你军"是对蒜、姜等调味料价格上涨的调侃。又如最近流行的"核善"是"和善"的谐音,实则互为反义,表示某人并不和善。我们对这种类型其实是很熟悉的,因为它是大众传播领域常见的手法。最典型的是商业领域,如"咳不容缓""骑乐无穷""默默无蚊""一步到胃"等广告语。此外,店铺名、品牌名也是这类谐音词的主战场,如"衣心衣意""好粥道"等。一些更妙的谐音词甚至不必改换字形,如"天天见面"等,即使不加说明,读者也能马上知道这是一家面馆或美容院。在路上看到招牌时,可能还免不了会心一笑。

可以说,第二类谐音词更能体现汉语之妙,更富于创新性。尽管这类谐音词也面临着一些争议(例如,可能对青少年的语言文字规范使用造成不良影响等),但不影响它为大众所接受、喜爱。

至于原因,已有研究给出了一些解释:这类谐音词简洁、鲜明,所构之词与原词音同或音近,意义却不同,具有对比功能,能形象简洁地表达事物的本质特点。而且谐音构词类似双关,在语音和谐的同时还具有一定的趣味性(可参看刘世生《什么是文体学》等)。尚来彬《网络谐音造词何以经久不衰》也从语言文化心理的角度提出,谐音词契合中国文化中的"含蓄""弹性"和"类比"等元素(原文是就所有谐音词来谈的,而不针对具体某一类)。我们认同这些观点,但更希望从汉语本身的特征入手,进一步分析第二类谐音词的优势。

和其他的构词类型一样,谐音构词的基本作用单位也是语素。语素是汉语中音义结合的最小单位。所谓"音义结合"且"最小",是指从语素这一层语言单位开始,语音形式才开始与意义有了联系。例如,"语""言"是分别由 yǔ 和 yán 这两个语音形式与"说""说的话"等义项结合而成的语素。词是语素的上一层单位,由语素构成,如"语言"这个词就是由"语"和"言"这两个语素构成的。语素以下的语言单位都只有语音形式而不承载意义,如普通话的声母 b,p,m 和韵母 a,o,e 等。

可以看到,上面所有的谐音构词例子,都是用音同或音近的成分替换了原词中的一个或多个语素。但第一类谐音词只借用新语素的语音形式,而不理会其原本承载的意义。即,将音义结合的语素剃去了语义内容,并将残留的语音形式与原本无关的意义联系在一起,如用"鸡冻"表示"激动",是借用语音形式"jī dòng"表达与"鸡"和"冻"无关的意义。

同时,语素由汉字记录。一些仅仅同音但实际不同甚至无关的语素,由于汉字字形的视觉强化,所构造的谐音词得以在人们头脑中留下更深刻的印象。这是为什么当谐音词仅仅被"说出来"而非"写下来"时效果就差一些。这也是为什么上述"天天见面"这一例子更能引起汉语母语者的共鸣。因为表示"脸"的语素记作"面",表示"面条"的语素原本记作"麵",这两个不同的语素在汉字简化后才使用相同的字形记录。

综上,我们可以总结出一部分网络谐音词无法被广泛接受甚至被诟病的其中一个原因:它们多属于第一类谐音词,只借语音,抛弃语义,不能发挥语素音义结合的功能,大材小用,无法体现汉语的妙处。反过来,音义兼有的谐音词更容易被接受,因为这是语言艺术的一种体现。从构造者的角度看,这一构词方式有难度、有门槛,不是人人都能掌握,而需要有一定的语言驾驭力和审美感受力;从使用者的角度看,这类谐音词充分发挥了语素的功能,能够体现汉语的妙处。

一直以来,网络语言的"廉价化"和"粗浅化"都是各界反对者和语言研究者最关心的问题之一,我们尝试从语言本身的角度进行分析,希望为传承汉语之妙、净化网络语言提供一个新的思考角度。

后记 postscript

　　拙作《语法答疑》完成了。而我与这本小书的缘分,或许在读博时就结下了。那时,在集中精神完成博士论文之余,我仍关注着生活中新兴的、特别的、生动的流行表达。一次机缘巧合,我开始运用与博士论文相关的知识、理论来分析、解释这些日常的语言现象,由此写成的两篇小文都在《语言文字周报》上发表。此后几年,我持续地进行着此类工作,同时,将讨论范围扩大,除了对流行表达的语言学解释,也涉及语法辨正和规范的内容。在这一阶段,我先后在《周报》上发表了20余篇小文,其中一部分也收录到了这本小书中。

　　相关工作得到了《语言文字周报》执行主编杨林成编审的关注与支持。承蒙杨主编信任,我有幸作为上海教育出版社"字斟句酌"丛书的作者之一,完成一本以日常表达中的语法问题为主要内容的小书。

　　丛书计划中已出版的几种,其题名多为四字。因此,我也顺着同一思路为小书拟定名字。其间我也曾和主编坦陈:同类风格的名字想过好几个,但都自觉与吕叔湘、朱德熙等语言学泰斗的经典作品名太过相似。"语法常谈""语法杂记""语法漫谈""语法评议""语法散论"……哪怕仅仅构思一下,都足够让我这个后生晚辈惶恐万分。但话说到此,读者朋友们可能会想到,"语法答疑"这个书名似乎也与朱德熙先生的经典著作之一《语法答问》风格相似。在此,请允许我慎重地向读者朋友们解释:一来,小书的具体篇目分为多个主题,包含多重头绪,若要逐条总结,非十字二十字难以做到;二来,小书的写作目的确是解决人们在日常表达中可能遇见的语法疑问与困惑。基于这些实际情况,且受困于寥寥几字的起名空间,"语法答疑"一题确实是最适合用于概括本书主要内容、体现本书呈现形式的。真心希望拙作能够在一定程度上为读者朋友们答疑解惑,这将是我对先贤们所致的最高敬意。

本书写作过程中所参考的文献条目均已以"作者+题名"的注释形式随文出现,便于读者朋友们检索与阅读。为保持丛书风格与体例的一致性,书末不再单列参考文献,请见谅。在此,也向所有前辈学者致以最诚挚的谢意。

这本小书完成了,但我仍会继续这项工作。我对语言文字工作的兴趣与热情早在孩提时代就生发了。身为文字工作者的母亲早早便教我识字。6 岁时,我"胆大包天"地动手改了幼儿园发的奖状,因为上面写着"爱学习好孩子",而我觉得这怎么看都缺了一个"的"。世纪之交,小学低年级的我在当时的《汉语拼音小报》(即《语言文字周报》前身)上发过一篇小短文。2018年,我又在《语言文字周报》上发表了第一篇文章,跨越 20 年的联结重新鲜活起来,也见证了 20 年间我对语言文字未曾间断的热情。现在,作为高校中文系教师,我将保持这最初的好奇心与求知欲,用所积累的知识继续贡献自己的一份力量。

感谢杨林成编审的信任与策划,感谢李梦露编辑在本书审读、校对过程中付出的辛苦劳动,感谢《语言文字周报》编辑部,感谢上海教育出版社。

吴　越

2024 年 7 月